Henda Chorfi Ouertani

Hypermédias Adaptatifs Dynamiques

Henda Chorfi Ouertani

Hypermédias Adaptatifs Dynamiques

Personnalisation de cours dans un contexte d'e-learning

Presses Académiques Francophones

Impressum / Mentions légales
Bibliografische Information der Deutschen Nationalbibliothek: Die Deutsche Nationalbibliothek verzeichnet diese Publikation in der Deutschen Nationalbibliografie; detaillierte bibliografische Daten sind im Internet über http://dnb.d-nb.de abrufbar.
Alle in diesem Buch genannten Marken und Produktnamen unterliegen warenzeichen-, marken- oder patentrechtlichem Schutz bzw. sind Warenzeichen oder eingetragene Warenzeichen der jeweiligen Inhaber. Die Wiedergabe von Marken, Produktnamen, Gebrauchsnamen, Handelsnamen, Warenbezeichnungen u.s.w. in diesem Werk berechtigt auch ohne besondere Kennzeichnung nicht zu der Annahme, dass solche Namen im Sinne der Warenzeichen- und Markenschutzgesetzgebung als frei zu betrachten wären und daher von jedermann benutzt werden dürften.

Information bibliographique publiée par la Deutsche Nationalbibliothek: La Deutsche Nationalbibliothek inscrit cette publication à la Deutsche Nationalbibliografie; des données bibliographiques détaillées sont disponibles sur internet à l'adresse http://dnb.d-nb.de.
Toutes marques et noms de produits mentionnés dans ce livre demeurent sous la protection des marques, des marques déposées et des brevets, et sont des marques ou des marques déposées de leurs détenteurs respectifs. L'utilisation des marques, noms de produits, noms communs, noms commerciaux, descriptions de produits, etc, même sans qu'ils soient mentionnés de façon particulière dans ce livre ne signifie en aucune façon que ces noms peuvent être utilisés sans restriction à l'égard de la législation pour la protection des marques et des marques déposées et pourraient donc être utilisés par quiconque.

Coverbild / Photo de couverture: www.ingimage.com

Verlag / Editeur:
Presses Académiques Francophones
ist ein Imprint der / est une marque déposée de
OmniScriptum GmbH & Co. KG
Heinrich-Böcking-Str. 6-8, 66121 Saarbrücken, Deutschland / Allemagne
Email: info@presses-academiques.com

Herstellung: siehe letzte Seite /
Impression: voir la dernière page
ISBN: 978-3-8381-4258-6

Copyright / Droit d'auteur © 2014 OmniScriptum GmbH & Co. KG
Alle Rechte vorbehalten. / Tous droits réservés. Saarbrücken 2014

Henda CHORFI OUERTANI

Hypermédias Adaptatifs Dynamiques

Personnalisation de cours dans un contexte d'e-learning

Table des Matières

INTRODUCTION GENERALE ... 10

CHAPITRE I : LES SYSTEMES D'ENSEIGNEMENT A DISTANCE : ETAT DE L'ART ... 20

I. INTRODUCTION ... 21

II. ENSEIGNEMENT PROGRAMME ET ENSEIGNEMENT ASSISTE PAR ORDINATEUR ... 21

II.1. Introduction ... 21

II.2. Apports et limites ... 23

III. L'ENSEIGNEMENT INTELLIGEMMENT ASSISTE PAR ORDINATEUR ... 24

III.1. Introduction ... 24

III.2. Les Systèmes Tuteurs Intelligents ... 25
    III.2.1 Introduction ... 25
    III.2.2. Principales caractéristiques des STI ... 26
    III.2.3. La modélisation de l'apprenant dans un STI ... 27
    III.2.4. Architecture d'un STI ... 28
    Apports et limites des STI ... 28

III.3. Les micro mondes ... 29
    III.3.1. Introduction ... 29
    III.3.2. Caractéristiques des micromondes ... 30
    III.3.3. Apports et limites ... 31

IV. E-FORMATION ET PLATES-FORMES DE E-FORMATION ... 31

IV.1 Introduction ... 31

IV.2. Formation à distance ou e-formation ... 32
    IV.2.1. Définition ... 32
    IV.2.2. les différentes formules de la e-formation ... 33
    IV.2.3. Les caractéristiques des apprenants dans une situation d'e-formation ... 34

IV.3. Plate-formes pour la e-formation ... 35
    IV.3.1. Définition générale ... 35
    IV.3.2. fonctionnalités des plate-formes ... 35
    IV.3.3. Usagers de la plate-forme ... 36
    IV.3.4. Typologie et usage des plates-formes ... 37
        IV.3.4.1. Learning Management System (LMS) ... 38
        IV.3.4.2. Content Management System (CMS) ... 38
        IV.3.4.3. Learning Content Management System (LCMS) ... 39

V. NORMES ET STANDARDS POUR LE E-LEARNING ... 40

V.1. les standards et leur utilité en e-learning ... 40

V.2. Normes/Standards et spécifications actuelles 41
   V.2.1 Learning Object Metadata(LOM) 42
   V.2.2 Aviation Industry Computer based training Committee (AICC) 42
   V.2.3 Sharable Content Object Reference Model (SCORM) 43
   V.2.4 Instructional Management Systems (IMS) 44
   V.2.5 Synthèse 45

VI. CONCLUSION   46

CHAPITRE II : LES HYPERMEDIAS ADAPTATIFS POUR L'ENSEIGNEMENT   48

I. INTRODUCTION   49

II. QU'EST CE QU'UN HYPERTEXTE/HYPERMEDIA ?   50

II.1 Un peu d'histoire 50

II.2. Quelques définitions 51
   II.2.1. Définition structurelle 51
   II.2.2. Définition fonctionnelle 52
   II.2.3. Définition sémantique 53

II.3. Différentes architectures d'un hypertexte 54

III. LES HYPERMEDIAS ADAPTATIFS   55

III.1. Introduction 55

III.2. Caractéristiques des Hypermédias adaptatifs 56

III.3. Les différents types d'adaptation 57

III.4. Les hypermédias adaptatifs dynamiques 60
   III.5.1. Introduction 61
   III.5.2. Avantages 62
   III.5.3. Inconvénients 63
   III.5.4. Architecture des hypermédias adaptatifs pour l'enseignement 65
   III.5.5. Exemples d'hypermédia adaptatifs pour l'enseignement 65

IV. MODELISATION DE L'UTILISATEUR   67

IV.1. Définition 67

IV.2 Les modèles par recouvrement (overlay approach) 67

IV.3. Les modèles par stéréotypes (stereotype models) 69

IV.4. Autres modèles 69

IV.5. Méthodes d'acquisition du modèle utilisateur 70
   IV.5.1. Introduction 70
   IV.5.2. L'acquisition explicite 70
   IV.5.3. L'acquisition implicite 71

IV.5.4. L'acquisition mixte 72

V. LA MODELISATION DE L'UTILISATEUR ET LES LANGAGES D'ONTOLOGIE 73

V.1. Introduction 73

V.2. Les ontologies en ingénierie des connaissances 73

V.3. Les Ontologies et le Web 75

V.4. Les ontologies en e-learning 77
   V.4.1. Les ontologies pour la représentation des connaissances en e-learning 77
   V.4.2. Les ontologies et la réutilisation 77

VI. CONCLUSION 78

CHAPITRE III : NOTRE APPROCHE DE PERSONNALISATION 80

I. INTRODUCTION 81

II. EXPERIENCE D'E-LEARNING A L'ESSTT 82

II.1. Description 82

II.2. Evaluation de l'expérience 84

II.3. Apports 85

II.4. Limites 86

III. NOTRE APPROCHE DE PERSONNALISATION 87

III.1. objectifs 87

III.2. Notre architecture vs l'architecture de Brusilovsky 88

IV.1. Introduction 90

IV.2. Approche de modélisation de l'apprenant 90
   IV.2.1 Introduction 90
   IV.2.2. Types de pré tests 91
   IV.2.3. Pré test adopté 92
   IV.2.4. Différents types de questions dans les pré tests 92
      IV.2.4.1 Les Questions à Choix Multiples (QCM) 92
      IV.2.4.2 Les Questions à Choix Multiples Etendus (QCME) 93
      IV.2.4.3 Les questions ouvertes 93
      IV.2.4.4 Les cartes conceptuelles 93
      IV.2.4.5. Synthèse et choix 94
   IV.2.5 Problématique posée par les questions ouvertes 94
   IV.2.6. Solution proposée 95
   IV.2.7 Analyse de la sémantique latente 95
      IV.2.7.1 Présentation de LSA 95
      IV.2.7.2 Etapes de mise en œuvre de LSA 96

IV.2.7.3 Quelques validations de LSA 97
IV.2.7.4 Conclusion 98

IV.3. L'approche CBR 99
   IV.3.1. Problématique 99
   IV.3.2. Présentation de l'approche CBR 100
   IV.3.3. Les processus d'un système CBR 100
   IV.3.4 Les connaissances dans un système CBR 102
   IV.3.5. Synthèse 102
   IV.3.6. Justification du choix de l'approche CBR 103

V. CONCLUSION   104

CHAPITRE IV : LA MODELISATION DES CONNAISSANCES   106

I. INTRODUCTION   107

II. LE MODELE DU DOMAINE   108

II.1 Description 108

II. 2. Représentation du modèle du domaine 109
   II.2.1. Introduction 109
   II.2.2. Comment représenter un modèle du domaine ? 109
      II.2.2.1. Formalismes basés sur la logique 110
      II.2.2.2. Formalismes basés sur l'utilisation de graphes 110
      II.2.2.3. Formalismes basés sur l'utilisation des bases de règles 110
      II.2.2.4. Quel formalisme pour notre modèle ? 111

III. LE MODELE DE L'APPRENANT   112

III.1. Description 112

III.2. Composantes de notre modèle de l'apprenant 113
   III.2.1. Le modèle cognitif 113
   III.2.2. Les préférences 113

III.3. Comment représenter notre modèle de l'apprenant ? 114

III.4. Acquisition du modèle de l'apprenant 114
   III.4.1. Introduction 114
   III.4.2. Acquisition des préférences 115
   III.4.3. Acquisition du modèle cognitif 116
      III.4.3.1. le pré test 116
      III.4.3.2 Les étapes de l'analyse sémantique 116
         III.4.3.2.1. Choix du corpus 116
         III.4.3.2.3 Analyse du résultat 120

IV. LE MODELE DES RESSOURCES PEDAGOGIQUES   121

IV.1. Description 121

IV.2. Les objets pédagogiques 122
   IV.2.1. Qu'est ce qu'un objet pédagogique ? 122

IV.2.2 Qu'est ce que les métadonnées ? 122
IV.2.3. la hiérarchie des balises de LOM 123
IV.2.4. Les profils d'application 124
IV.2.5. Notre profil d'application 125
IV.2.6. Structuration des objets pédagogiques 126
IV.2.7. Nos objets pédagogiques 127

IV.3. Relations entre le modèle du domaine et les objets d'apprentissage 129

V. CONCLUSION   130

CHAPITRE V : LE PROCESSUS DE GENERATION D'UN COURS PERSONNALISE   132

I. INTRODUCTION   133

II. LE CHOIX DU MODELE D'AGREGATION   133

II.1. Introduction 133

II.2. Différents modèles d'agrégation des objets pédagogiques 134
    II.2.1. Agrégation par fusion ou juxtaposition 134
    II.2.2. Agrégation par composition et référencement 135
    II.2.3. Agrégation par contrôle et filtrage 135
    II.2.4. Agrégation par scénarisation ou scripting 135
    II.2.5. Notre modèle d'agrégation 135

II.3. La réutilisation des parcours proposés 137

III. LE MODULE CBR   139

III.1. Représentation d'un cas dans un système CBR 139

III.2. Représentation de notre cas 140

III.3. Structure de notre base de cas 142

III.4. La recherche de similarité 144

III.5. L'adaptation de la solution 146

III.6. La mise à jour de la base 148

IV. LE GENERATEUR DU COURS   148

IV.1. Introduction 148

IV.2. La construction de la page 148

V. IMPLEMENTATION   150

V.1. Architecture de l'application 150
    V.1.1. Architecture générale 150
    V.1.2. Diverses tâches des acteurs du système 151

V.1.2.1. Tâches effectuées par l'enseignant	151
V.1.2.2. Tâches effectuées par l'apprenant	153
V.2. Diagramme de classes	**155**
V.3. Diagrammes de séquence	**156**
V.3.1. Connexion	156
V.3.2. Pré-test	157
VI. EXPERIMENTATION	**158**
VII. ENVIRONNEMENT LOGICIEL	**162**
VIII. CONCLUSION	**164**
REFERENCES	175

Table des figures

Figure 1: Les composantes d'un STI 28
Figure 2: Un modèle de PFFAD 37
Figure 3 : Interrelations des différents standards 46
Figure 4 : Principaux courants en informatique et éducation...46
Figure 5 : Modélisation de l'utilisateur – adaptation 57
Figure 6 : Les classes et les techniques d'adaptation 58
Figure 7 : Principe d'une méthode par recouvrement..68
Figure 8 : Modèles de recouvrement de l'apprenant 68
Figure 9 : Les couches du Web sémantique selon le W3C 76
Figure 10 : Modélisation utilisateur et mécanismes de personnalisation...........................78
Figure 11 : Diagramme d'appréciation de l'expérience de l'ESSTT par les apprenants ...85
Figure 12 : Architecture d'un hypermédia adaptatif dynamique 88
Figure 13 : Architecture proposée..89
Figure 14 : Un exemple de carte conceptuelle 94
Figure 15 : Le cycle du raisonnement à base de cas 103
Figure 16. Les points d'entrée du réseau sémantique des notions...............................112
Figure 17 : Les différents aspects d'usage des métadonnées..122
Figure 18 : Carte conceptuelle de la hiérarchie des balises du LOM..............................124
Figure 19 : Primitives de représentation d'un objet pédagogique...................................129
Figure 20 : Le modèle du domaine et le modèle des ressources 129
Figure 21 : Exemple d'agrégation d'un cours 137
Figure 22: la structuration de la base de cas 144
Figure 23 : Extraction des cas similaires à l'aide des filtres 146
Figure 24 : Extraction des objets d'apprentissage à l'aide des filtres 149
Figure 25 : Architecture logicielle du système..151
Figure 26 : Les tâches de l'enseignant...153
Figure 27 : Les tâches de l'étudiant 154
Figure 28 : Diagramme des classes..155
Figure 29 : Diagramme de séquence de connexion...157
Figure 30 : Diagramme de pré-test...158
Figure 31 : Une partie du réseau sémantique des notions 159
Figure 32 : Menu du cours MS-Word pour la catégorie débutant 161
Figure 33 : Utilisation de XML pour la génération d'un cours..162

Table des tableaux

Tableau 1: Synthèse LOM, SCORM, IMS-LD..45
Tableau 2 : Les principaux types de liens dans un système hypertexte 52
Tableau 3 : Les différentes structures d'un hypertexte 55
Tableau 4 : Les différentes techniques d'adaptation 60
Tableau 5 : Les Métadonnées utilisées dans notre système 126

INTRODUCTION GENERALE

INTRODUCTION GENERALE

Les travaux de recherche qui sont présentés dans cette thèse ont été menés au sein de l'Unité de recherche des Technologies de l'Information et de la Communication (UTIC) à l'Ecole Supérieure des Sciences et Techniques de Tunis (ESSTT) et rentrent dans le cadre des recherches sur l'amélioration du rendement de l'enseignement basé sur Internet.

Depuis l'instauration du système éducatif, les outils pour dispenser des cours n'ont évolué que très lentement. La plupart des enseignants utilise encore le tableau noir et la craie malgré une introduction timide dans les années quatre vingt des outils multimédias tels que les laboratoires de langues ou encore l'utilisation des vidéos.

D'un autre côté, l'informatique prend de plus en plus une place prépondérante dans notre vie quotidienne et nous assistons à l'introduction de l'ordinateur dans tous les domaines.

Mais qu'en est il de son utilisation dans le domaine de l'enseignement ?

En effet, dans les années 60, l'Enseignement Assisté par Ordinateur (EAO) a émergé. La technologie est venue compléter l'enseignement en lui apportant un nouvel outil : l'ordinateur. L'utilisation de l'ordinateur à des fins pédagogiques constitue le champ de l'EAO. A côté de cela et depuis quelques années, les capacités multimédias des ordinateurs ont fait beaucoup de progrès tant au niveau matériel qu'au niveau logiciel.

Tous ces progrès ont favorisé l'amélioration de la qualité des applications informatiques. Les contenus peuvent, donc, profiter pleinement des nouvelles opportunités de la technologie numérique rendant possible d'intégrer sur un même support informatique des informations de natures différentes : texte, image, son, vidéo... La production des logiciels éducatifs n'est pas en reste.

Toutefois, une autre forme d'enseignement a co-existé avec l'enseignement présentiel ou traditionnel : le télé-enseignement ou l'enseignement à distance.

Mais qu'est ce que le télé-enseignement ?

Le mot télé-enseignement est composé des éléments "télé" (du grec 'à distance') et du mot "enseigner". Le télé-enseignement décrit une situation où l'enseignant et les apprenants se trouvent dans des endroits séparés dans l'espace ou dans le temps.

Les synonymes suivants ont vu le jour pour le terme télé-enseignement : enseignement à distance, apprentissage à distance, formation à distance...

Le télé-enseignement date d'avant l'ordinateur personnel et Internet. Certaines formes de l'enseignement à distance, comme le télé collège, existent depuis longtemps déjà. L'enseignant, les étudiants et la matière du programme se trouvent tous à des emplacements différents. Les étudiants peuvent enregistrer des émissions de télé, et il n'est donc plus nécessaire de synchroniser l'apprentissage. Une autre forme bien connue concerne les études à distance, où l'enseignant et l'apprenant communiquent, par correspondance, au moyen de lettres. L'apprenant reçoit le cours et les exercices par courrier et renvoie les solutions à son tuteur. Celui-ci les contrôle et les réexpédie accompagnées de ses commentaires.

Cependant aujourd'hui, Internet, ce *nouveau mode de communication,* a bouleversé nos habitudes et a modifié nos relations avec nos contemporains. Un ensemble d'outils et de services qui lui sont rattachés permettent un accès nouveau à l'information et une grande diffusion de cette information. Grâce à Internet, l'interconnexion des ordinateurs devient chose aisée. Ce qui a permis de rendre possible la délocalisation des applications et en l'occurrence les applications éducatives. D'où la naissance d'une nouvelle forme de télé enseignement *: l'e-learning ou télé-enseignement en ligne ou encore e-formation.* Cette nouvelle forme d'enseignement va faire profiter tous les types d'enseignement déjà existants : l'enseignement présentiel ou traditionnel, le télé enseignement classique (défini plus haut) et la formation continue.

Mais qu'est ce que l' e-learning ?

L'e-learning, une variante du télé-enseignement, peut se définir comme une approche de l'enseignement et de l'apprentissage qui utilise les technologies Internet pour communiquer et favoriser l'apprentissage actif et collaboratif selon les spécificités des contextes éducatifs. Cette approche comprend à la fois des situations où la technologie complète un apprentissage en classe, en présentiel, par des composants basés sur le Web et des environnements où l'ensemble du processus d'enseignement est vécu en ligne. Donc, ce nouvel apprentissage résulte de l'association de contenus interactifs et multimédias, de supports de distribution (PC, Internet, intranet, extranet), d'un ensemble d'outils logiciels qui permettent la gestion d'une formation en ligne et d'outils de création de ressources éducatives.

Concernant les moyens matériels, le progrès technologique leur apporte tous les jours d'énormes performances. Par contre, certaines lacunes se ressentent au niveau des plates-formes de télé-enseignement.

Mais qu'est ce qu'une plate-forme de télé enseignement ?

Une plate-forme de télé-enseignement est un logiciel de création et de gestion de contenus pédagogiques destinés généralement à trois types d'utilisateurs : l'enseignant/formateur, l'étudiant/l'apprenant et l'administrateur. Elle regroupe les outils nécessaires aux trois intervenants permettant d'incorporer des ressources pédagogiques (multimédias), de participer à des activités et d'effectuer un suivi en mode connecté ou déconnecté suivant les paramètres de la plate-forme.

Cependant, les développeurs de ces logiciels ont mis l'accent, surtout, sur les moyens qui permettent la production des contenus pédagogiques. La plupart d'entre eux se sont, donc, limités à une logique de transmission des connaissances. Or, à notre avis, l'objectif du télé enseignement ne serait pas seulement d'apporter des connaissances à un apprenant mais aussi de décider quelles connaissances lui apporter et comment les lui apporter. Pour répondre à ces questions, il nous faut penser à une adaptabilité double aussi bien du côté de l'enseignant que du côté de l'apprenant.

La réponse a d'abord été donnée sous forme de systèmes appelés *hypermédias éducatifs adaptatifs*.

D'abord qu'est ce qu'un hypermédia ?

Tout d'abord, un hypertexte peut être défini comme un système interactif qui permet de construire et de gérer des liens sémantiques entre des objets repérables dans un ensemble de documents. De manière plus précise, on parle d'hypertexte lorsque les objets sont des éléments de texte et d'hypermédia lorsqu'il s'agit d'objets au sens le plus général.

Maintenant, qu'est ce qu'un hypermédia éducatif adaptatif ?

Brusilovsky [Brusilovsky, 1999], considéré comme le père des hypermédias adaptatifs, considère les systèmes hypermédias éducatifs adaptatifs comme des systèmes alternatifs aux systèmes traditionnels *"one-size-fits-all"*. Les systèmes hypermédias éducatifs adaptatifs construisent un modèle regroupant les objectifs, les préférences et les connaissances de chaque apprenant et utilisent ce modèle à travers les interactions avec l'apprenant pour une meilleure adaptation aux besoins de ce dernier.

Introduction Générale

Brusilovsky pose, ainsi, les questions essentielles que rencontre tout concepteur de système adaptatif : Pourquoi utiliser un système adaptatif ? Quels problèmes peuvent être résolus par de tels systèmes ? Quelles caractéristiques de l'utilisateur doivent être prises en compte ? Qu'est ce qui peut être adaptatif dans le système ? Et enfin quels sont les objectifs de l'adaptation ?

Les recherches ont donné les réponses à ces questions sous forme de plusieurs projets. Ainsi, et durant la décennie écoulée, un grand nombre de projets a été mené dans cette logique. On peut citer, entre autres projets : SEMUSDI [1], ARIADNE [2], CDE [3]...

Tous ces projets ont en commun la création de documents pédagogiques par agencement d'items didactiques. Ces projets étaient, aussi, des projets transversaux, puisque outre la problématique de partage d'items didactiques, ils proposent aussi des outils permettant aux enseignants de créer, structurer et visualiser des cours interactifs.

Comme les projets que nous venons de citer se sont préoccupés de l'adaptation du côté de l'enseignant. D'autres projets, tel que METADYNE [Delestre, 2000], se sont inscrits dans ce prolongement pour tendre l'adaptation du côté de l'apprenant. D'où les systèmes *hypermédias adaptatifs dynamiques*

Qu'est ce qu'un hypermédia adaptatif dynamique ?

Un hypermédia adaptatif dynamique est un hypermédia adaptatif dont la principale caractéristique est d'offrir un hypermédia virtuel. Le système n'est plus constitué de pages et de liens prédéfinis mais il les construit dynamiquement. D'après Brusilovsky [Brusilovsky, 2002], l'architecture de ces systèmes repose sur les

---

[1] http://semusdi.insa-rouen.fr
[2] http://ariadne.unil.ch/
[3] http://www.eduswiss.ch/data/afe/old/cr2000-cd/start.htm

composants d'un hypermédia adaptatif à savoir : le modèle du domaine, le modèle de l'utilisateur et une base de documents, et aussi, sur un nouveau composant à savoir : le générateur de pages ou d'interfaces.

L'utilisation des hypermédias adaptatifs dynamiques apporte plusieurs avantages : d'un côté, l'adjonction d'un nouveau support peut être immédiatement prise en compte (du moment où les pages sont dynamiquement construites). D'un autre côté, les concepteurs ne se préoccupent pas de la façon dont les médias seront agencés. Il leur suffit de définir l'architecture générale du système (modèle du domaine) et déterminer les documents qui vont servir à présenter chaque concept.

Sur un autre plan, les chercheurs dans le domaine des systèmes à base de connaissances ont souligné l'importance de la réutilisation pour la performance dans de tels systèmes.

C'est dans cet esprit et dans ces nouvelles lignées (adaptation dynamique et réutilisation) que s'inscrit nos travaux. Notre apport concerne essentiellement la modélisation des différentes connaissances (l'apprenant, les cours, …) et la façon dont ces connaissances seront exploitées pour générer automatiquement un cours personnalisé.

Notre objectif est d'apporter plus d'intelligence, d'adaptabilité et de réutilisation aux systèmes de télé-enseignement.

Notre problématique de recherche découle des questions suivantes :

1) Pourquoi proposer un même contenu d'apprentissage à un groupe d'apprenants ayant des pré-requis et des connaissances préalables différents ?

2) Pourquoi proposer un cours sous une même forme à un groupe d'apprenants hétérogène, ayant des préférences différentes en terme de type de média ?

3) Comment profiter du fait que malgré l'hétérogénéité dans les groupes, il existe des apprenants qui ont le même profil ou des profils assez similaires (les mêmes pré-requis et les mêmes préférences), et de ce fait, comment réutiliser et exploiter les expériences précédentes ?

Le système PERSO, résultat de nos travaux de recherche, est un système qui s'intègre dans un environnement d'enseignement à distance. Il permet, en particulier, de:

- déterminer le profil cognitif de l'apprenant et ses préférences en termes de type de média,
- déterminer le sous ensemble de concepts à proposer à un apprenant ayant un profil bien déterminé.
- générer automatiquement un cours personnalisé à chaque apprenant. La personnalisation concerne aussi bien la forme que le contenu.

Ce manuscrit est organisé comme suit : suite à cette introduction, on commence le premier chapitre par la présentation des différentes familles de systèmes d'enseignement utilisant l'ordinateur et les nouvelles technologies. Et on le finit par les standards liés à l'e-learning.

Dans le deuxième chapitre, nous concentrons notre étude sur les hypermédias. Nous passons en revue les différentes catégories de systèmes hypermédias ainsi que leurs apports dans un cadre éducatif. Nous abordons aussi la notion d'ontologie et les nouveaux langages liés à cette notion.

Le troisième chapitre est consacré à notre approche globale de personnalisation. Nous commençons par une expérience d'e-learning que nous avons menée à l'ESSTT. Ensuite nous proposons une architecture générale d'un système de personnalisation répondant aux objectifs que nous nous sommes fixés. Enfin, nous présentons les approches que nous avons adoptées pour atteindre ces objectifs.

Quant au quatrième et cinquième chapitre, ils détaillent l'architecture présentée

Introduction Générale

dans le troisième chapitre.

Ainsi, le quatrième chapitre est consacré à notre approche de modélisation des différentes connaissances liées à un système de personnalisation de l'e-learning. A savoir, les connaissances liées aux enseignants, c'est-à-dire le modèle du domaine, les connaissances liées à l'apprenant c'est-à-dire le modèle de l'apprenant ainsi que les caractéristiques des objets pédagogiques (Learning Objects) c'est-à-dire le modèle des ressources.

Dans le cinquième chapitre, nous nous intéressons au processus de génération d'un cours personnalisé. Nous détaillons notre approche sur l'exploitation, l'intégration et la réutilisation des différentes connaissances (modélisées dans le quatrième chapitre) pour aboutir au but ultime de tout système de personnalisation : un cours adapté aux spécificités de chaque apprenant.

Enfin, nous concluons notre thèse par une conclusion générale et les perspectives de nos travaux.

CHAPITRE I

LES SYSTEMES D'ENSEIGNEMENT A DISTANCE : ETAT DE L'ART

I. INTRODUCTION

Du point de vue de la pédagogie, l'informatique a un double visage [Albert, 1987] : c'est une matière d'enseignement i.e. la connaissance et l'utilisation des systèmes informatiques, la connaissance et la maîtrise des concepts, l'analyse et la programmation... C'est également un outil pédagogique puissant en tant que support de transfert de connaissance, outil de simulation, support de communication.

Dans ce chapitre, nous allons aborder ce deuxième aspect de l'informatique en synthétisant l'évolution des systèmes éducatifs.

Dans la première partie, nous présentons l'*Enseignement Assisté par Ordinateur (EAO)* en décrivant ses limites et en donnant un état de l'art des *Systèmes Educatifs Intelligents (SEI)*.

Dans la deuxième partie, nous présentons les Plates-formes et les composants pour la e-formation en passant par les standards pour la e-formation.

La conclusion retrace les principaux courants en informatique et éducation depuis les années 60 jusqu'à nos jours.

II. ENSEIGNEMENT PROGRAMME ET ENSEIGNEMENT ASSISTE PAR ORDINATEUR

II.1. Introduction

Dès le début des années cinquante, Skinner [Skinner, 1954] cherche à fonder l'enseignement sur les savoirs scientifiques en introduisant les méthodes rigoureuses de psychologie du comportement. La notion clé qui s'impose est celle de programme. Il s'agit de créer une méthode pédagogique qui permette de transmettre des connaissances sans l'intermédiaire direct d'un professeur ou d'un moniteur, ceci tout en respectant les caractéristiques de chaque apprenant pris individuellement. La situation d'enseignement qui est prise pour modèle est la relation entre précepteur et apprenant, c'est-à-dire la leçon particulière pensée méthodiquement.

A la suite des travaux de Skinner, quatre grands principes sont mis en évidence par les chercheurs qui vont travailler sur l'enseignement programmé :

- Structuration de la matière à enseigner : la matière est décomposée en unités élémentaires. Il faut fragmenter les difficultés suivant le principe des petits pas.

- Adaptation : la progression s'effectue par petites étapes et le rythme de progression est celui de l'apprenant. Un enseignement programmé doit être expérimenté jusqu'à ce qu'il "marche".

- Stimulation : la participation active de l'apprenant est sollicitée par des questions auxquelles il doit fournir une réponse effective, qu'elle soit construite ou uniquement choisie parmi plusieurs proposées. C'est le principe du conditionnement opérant mis en valeur par Skinner.

- Contrôle et connaissance immédiate de la réponse : un comportement nouveau s'acquiert plus rapidement s'il y a renforcement.

Sur la base de ces principes généraux, de nombreux programmes sont conçus. Les principaux programmes sont les programmes linéaires : soit du type Skinner, uni-séquentiel à réponse construite (la réponse n'est pas donnée, l'apprenant est censé la construire), soit du type linéaire à choix multiples ou les programmes à branchements du type Crowder [Crowder, 1959].

D'autres modèles plus complexes vont être implantés en machine. Alors que dans les programmes crowdériens, la décision de branchement n'est effectuée que sur la base d'une seule question (ou un seul groupe de questions), tout devant être prévu à l'avance, les programmes adaptatifs vont autoriser des branchements fondés sur la base d'un historique des réponses de l'étudiant. Gordon Pask [Pask, 1959] est un précurseur dans le domaine de l'adaptation. Il caractérise ainsi un système adaptatif par une interaction individuelle entre l'apprenant et un mécanisme qui mesure et décrit la performance de l'apprenant et qui utilise la description ainsi obtenue pour prescrire ou modifier une stratégie d'apprentissage.

Un pas de plus dans l'adaptabilité est offert par les programmes génératifs qui utilisent des algorithmes pour générer les problèmes et les réponses [Bruillard, 1997]. Ces systèmes sont essentiellement des exerciseurs, capables de choisir des problèmes d'une difficulté adaptée à la performance globale d'un apprenant.

Peu à peu, les modèles issus de Crowder, qu'ils soient à branchement simple, adaptatifs ou génératifs, vont prendre une place prépondérante. Mais, sans informatique la multiplication des chemins individuels et la non-linéarité posent des problèmes redoutables. Soit on limite le nombre de chemins et on perd l'aspect individualisation, soit on le multiplie, ce qui induit une grande complexité. L'EAO apparaît alors véritablement comme le mariage de l'enseignement programmé et de l'informatique. Ainsi, les problématiques de l'enseignement programmé sont diminuées avec le support particulier des ordinateurs.

Dans un souci de généralisation, de multiples langages de cours sont développés, pour faciliter l'élaboration des programmes, puis des langages dits auteurs pour permettre à des enseignants peu formés en informatique de créer des programmes d'EAO dans un modèle proche de celui de Crowder. Durant les années soixante-dix des projets d'enseignement programmé de grande envergure ont été lancés : PLATO (Programmed Logic for Automatic Teaching Operation), TICCIT (Time-shared Interactive Computer Controlled Information), DIANE...

II.2. Apports et limites

Cependant, les limitations de l'enseignement programmé sont à la fois théoriques et techniques. Elles apparaissent dans les tâches les plus classiques de cet enseignement : l'analyse de la structure du contenu à enseigner, les théories de l'apprentissage et la gestion de l'individualisation.

L'arrivée des ordinateurs introduit des possibilités nouvelles en autorisant la gestion d'une certaine complexité. Mais cela est loin de résoudre tous les problèmes. D'abord, la préparation du cours requiert un temps considérable et le résultat obtenu est très peu flexible, et donc difficilement modifiable. Ensuite, changer un ensemble de questions ou des éléments du cours conduit à un gros travail de réécriture du programme.

Pour améliorer le mode de communication avec l'apprenant, les chercheurs ont rapidement essayé d'ajouter l'attrait et le réalisme des présentations audiovisuelles aux cours programmés, en intégrant les aides audiovisuelles (images fixes ou films) aux dispositifs d'enseignement programmé. Ainsi, l'AutoTutor de Crowder utilise des microfilms de 35 mm, d'autres dispositifs permettent de comparer des cartes et des photographies, d'agrandir l'image, d'effectuer des mesures, etc.

III. L'ENSEIGNEMENT INTELLIGEMMENT ASSISTE PAR ORDINATEUR

III.1. Introduction

Malgré les efforts consentis par les chercheurs dans le domaine de l'EAO, il semble souhaitable de laisser une plus grande initiative aux apprenants et même de les engager dans une véritable activité. S'agissant de leur faire réaliser des tâches complexes, la boucle de contrôle classique de l'EAO n'est plus adéquate. Il faut concevoir des programmes leur donnant les moyens de réaliser des tâches, capables d'observer et d'interpréter leur comportement puis d'intervenir au moment opportun et de manière appropriée sur la base de leur analyse. La réalisation de tels projets nécessite des connaissances, tant au niveau des processus de résolution suivis par les humains qu'au niveau de l'implantation en machine de tels processus.

Se préoccupant de plus en plus de l'apprenant, l'intérêt des chercheurs pour le diagnostic des erreurs se manifeste. L'idée d'avoir une idée plus précise des connaissances de l'apprenant se développe. Elle va jouer un rôle important dans les recherches autour des tuteurs intelligents.

C'est face à ce constat qu'est né l'Enseignement Intelligemment Assisté par Ordinateur (EIAO) avec une intégration plus forte des domaines de psychologie cognitive et de l'Intelligence Artificielle. En effet, l'Intelligence Artificielle avec ses théories, ses méthodes et ses techniques apporte beaucoup à l'EIAO.

Plusieurs critères de classification ont été utilisés pour distinguer les différents types de systèmes d'EIAO [Chanier, 1992]. En rapport avec notre problématique, nous allons retenir celui du degré d'initiative laissé à l'apprenant, ou d'une façon duale le degré de directivité du système. Dans ce sens, la littérature distingue en général, deux types de systèmes :

- Les Systèmes Tuteurs qui laissent très peu d'initiative aux apprenants.
- Les micromondes ou environnements d'apprentissage qui laissent toute initiative à l'apprenant.

Dans ce qui suit, nous allons présenter ces deux types de systèmes.

III.2. Les Systèmes Tuteurs Intelligents

III.2.1 Introduction

Les Systèmes Tuteurs Intelligents (STI) vont prolonger les travaux développés dans le cadre de l'enseignement programmé et l'EAO et essayer de tirer parti au mieux de cette machine adaptative qu'est l'ordinateur. Grâce aux techniques d'Intelligence Artificielle (IA), il devient possible de doter les machines de connaissances et de certaines capacités à les utiliser.

Dès 1970, Siklóssy [Siklóssy, 1970] propose de concevoir ce qu'il nomme des tuteurs qui connaissent ce qu'ils enseignent. Intégrant un module de résolution, l'ordinateur doit être capable de résoudre des problèmes posés par l'apprenant, expliquer comment il les résout et ainsi enseigner ses propres méthodes à l'apprenant. Pour réaliser des tuteurs artificiels pleinement adaptatifs, il faut implanter des connaissances en machine pour les trois composantes qui interagissent dans la formation : le sujet, l'apprenant et le professeur, répondant aux questions enseigner quoi ?, pour qui ? et comment ? (what ?, who ?, how ?).

III.2.2. Principales caractéristiques des STI

Le programme SCHOLAR, écrit par Carbonell [Carbonell, 1970], est généralement considéré comme le premier tuteur intelligent. Conçu pour l'enseignement de connaissances factuelles sur la géographie de l'Amérique du Sud, son originalité réside dans le type de dialogue qu'il peut instaurer avec l'apprenant. Dans ce mode d'interaction, qualifié d'initiative mixte, l'apprenant et le système peuvent, à tour de rôle, prendre l'initiative et poser des questions. Utilisant un réseau sémantique pour représenter la connaissance et des mécanismes de parcours de ce réseau et des règles d'inférences, SCHOLAR peut répondre aux questions des apprenants.

Outre l'exploration de types de dialogue avec l'apprenant, les chercheurs se tournent vers la conception d'environnements facilitant un apprentissage par l'action, transformant la connaissance factuelle en connaissance pratique et expérimentale. L'ambition est d'arriver à combiner des expériences de résolution de problèmes et la motivation de l'apprentissage par la découverte avec le guidage efficace d'interactions tutorielles.

L'objectif du projet SOPHIE (SOPHisticated Instructional Environment) est ainsi d'entraîner les apprenants au diagnostic de pannes dans le domaine des circuits électroniques, en travaillant à l'aide d'un laboratoire simulé sur ordinateur. Un défaut ayant été introduit dans un des composants, la tâche de l'apprenant est d'isoler ce composant défectueux à l'aide d'une série de mesures. L'environnement est dit réactif car il ne fait que répondre aux actions et sollicitations de l'apprenant et ne prend jamais l'initiative.

III.2.3. La modélisation de l'apprenant dans un STI

La réalisation de ces différents systèmes montre qu'intégrer de l'expertise dans des machines permet effectivement de développer de nouvelles formes d'interaction avec les apprenants. Pour ce faire, construire une représentation suffisamment fidèle des connaissances de l'apprenant devient alors primordial. En outre, dans des domaines nécessitant des raisonnements complexes, le but de l'enseignement ne peut pas se traduire par l'acquisition de quelques comportements préalablement spécifiés, mais par le fait d'installer un certain modèle dans la tête de l'apprenant. Pour cela, il faut sans doute trouver des moyens pour tenter de savoir ce qui est dans la tête de l'apprenant et donc le modéliser.

Le besoin de disposer d'une représentation des connaissances d'un apprenant s'est vite imposé pour la réalisation de tuteurs capables d'adapter leurs stratégies d'enseignement. Cette nécessité a conduit les chercheurs à tenter d'induire un modèle de l'apprenant construit dynamiquement en s'appuyant sur son comportement observable.

Dans ce contexte, un modèle de l'apprenant est une structure de données, au sens informatique, qui caractérise, pour le système d'enseignement, l'état d'un sous-ensemble des connaissances de cet apprenant. Un travail de clarification sur les différents usages des modèles apprenants a ainsi été exposé par Self [Self, 1988].

Pour de nombreux chercheurs, la modélisation de l'apprenant est la clé de l'enseignement individualisé. Dans la tradition d'une certaine vision de l'Intelligence Artificielle, réaliser un tuteur intelligent est une tentative pour concevoir un programme tournant sur un ordinateur capable de se conduire de façon qui pourrait être jugée comme un bon enseignement si elle était faite par une personne humaine. Pour cela, il faut concevoir des systèmes ayant une triple expertise, celle du domaine à enseigner, celle de l'enseignement et celle des compétences et connaissances, correctes et erronées, des apprenants.

III.2.4. Architecture d'un STI

La conception dominante organise les tuteurs intelligents autour de quatre modules : le *modèle de l'apprenant, le module pédagogique, le modèle des connaissances du domaine et le module communication.* Cependant, Beck a identifié une cinquième composante: *le modèle expert.* Il considère que cette nouvelle composante, souvent incluse dans le module des connaissances du domaine, est une entité à part [Beck, 1996].

La figure suivante tirée de [Beck, 1996] schématise les différentes composantes d'un STI et leurs interactions

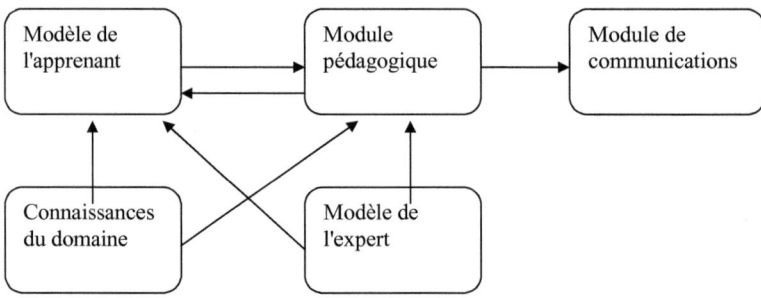

Figure 1: Les composantes d'un STI

III.2.5. Apports et limites des STI

Dans un premier temps, l'Intelligence Artificielle fournit des techniques permettant d'améliorer les systèmes d'EAO, notamment pour assurer une meilleure adaptation à l'apprenant. L'apport de capacités de raisonnement aux machines permet d'expérimenter de nouvelles stratégies d'enseignement, de modéliser les connaissances des apprenants et de construire des résolveurs susceptibles de suivre le travail d'un apprenant et d'expliquer leur raisonnement.

La plupart de ces travaux se sont fondés, du point de vue éducatif, sur l'idée d'un possible transfert de compétence entre un expert et un débutant par l'intermédiaire d'une représentation en machine. Or, ce transfert apparaît rapidement plus délicat qu'il n'y paraît.

D'un autre côté, l'implantation en machines de stratégies d'enseignement s'appuie sur une évaluation des connaissances et des faiblesses des apprenants, c'est-à-dire sur une forme de modélisation de l'apprenant, mais se heurte à l'absence de modèles suffisamment précis.

Sur un autre plan, d'autres courants ne croient pas aux représentations mentales (internes) et donc ne croient pas à la modélisation. En fait, si disposer de renseignements sur l'apprenant est utile, faut-il, sur cette base, exercer un contrôle sur le processus d'apprentissage ou inventer des modes d'interaction plus souples ? Cette interrogation nourrit les tentatives de synthèse entre les tuteurs artificiels et les environnements d'apprentissage ouverts et en particulier les micromondes inspirés du langage Logo. La section suivante s'intéresse à ce type d'environnement.

III.3. Les micro-mondes

III.3.1. Introduction

Si les méthodes de l'Intelligence Artificielle ont permis de prolonger les recherches issues de l'enseignement programmé, en adoptant peu à peu de nouvelles théories de l'apprentissage et de l'enseignement, dès la fin des années soixante, un second courant s'écarte de l'idée consistant à faire de l'ordinateur un *super-enseignant*, en essayant de le promouvoir comme moyen d'expression et d'expérimentation pour les apprenants. Il ne s'agit plus que l'ordinateur programme l'apprenant mais de donner à l'apprenant la possibilité de programmer la machine. Il apparaît que la programmation peut conduire les apprenants à une réflexion plus explicite et mieux articulée sur leurs propres processus cognitifs et en cela affecter favorablement leur développement cognitif.

Dans l'apprentissage par la programmation, les langages utilisés (Logo, Prolog, Smalltalk…) sont un moyen, le but étant de construire quelque chose. Il s'agit, pour l'apprenant, de traduire ses intuitions sous la forme d'un programme. Les chercheurs aboutissent à l'idée de micro-monde. L'idée de base pour les inventeurs du terme, Minsky et Papert [Minsky, 1969] est de proposer un univers restreint qui puisse être considéré de façon isolée du reste du monde, dans lequel les objets et leurs relations sont simplifiés.

III.3.2. Caractéristiques des micro-mondes

D'un point de vue opératoire, les micro-mondes désignent des mondes artificiels dans lesquels on agit sur des objets, dont le comportement respecte certaines contraintes de fidélité et de cohérence. Une des caractéristiques centrales des micro-mondes est liée à la notion d'erreur. En effet, l'utilisateur est amené à confronter ses idées intuitives avec des représentations informatisées. Si ces idées sont fausses, les objets du micro-monde ne vont pas avoir le comportement attendu. L'effet de rétroaction est théoriquement immédiat de par la familiarité de l'apprenant avec les objets du micro-monde. Les micro-mondes privilégient l'activité de l'apprenant même s'il y a risque d'erreur puisque c'est par et avec l'erreur qu'il y a apprentissage. Il y a une volonté dans ces systèmes de laisser l'apprenant explorer lui-même ses solutions et de ne lui fournir de l'aide que lorsque cela s'avère vraiment nécessaire. [Dillenbourg, 1991]

III.3.3. Apports et limites

De nombreux micro-mondes ont été développés, fournissant de multiples occasions de découverte et d'exploration aux apprenants. Le problème central reste d'arriver à combiner la résolution de problèmes et la motivation de l'apprentissage par la découverte avec un guidage effectif.

Les systèmes doivent d'une part fournir des outils aux utilisateurs mais d'autre part les aider dans leurs tâches. Toutefois, trouver la meilleure forme de guidage reste une tâche délicate.

Malgré la grande diversité des approches suivies, des interrogations profondes demeurent sur les mécanismes d'apprentissage. La tendance va, alors, vers des environnements d'apprentissage plus ouverts dans lesquels toutes sortes de technologies, intelligentes ou non, jouent un rôle. Les hypertextes/hypermédias vont s'intégrer à ce mouvement.

En effet, avec l'émergence des Technologies de l'Information et de la Communication appliquées à l'éducation (TICE) et l'apparition des grands réseaux d'information, nous assistons à la naissance de la e-formation (e-learning en anglais).

IV. E-FORMATION ET PLATES-FORMES DE E-FORMATION

IV.1 Introduction

Dans cette partie, nous présentons, dans un premier temps, des généralités sur la e-formation. Ensuite, nous nous intéressons au dispositif particulier de ce mode d'apprentissage : la plate-forme de formation à distance, en lui accordant une étude détaillée : aspects fonctionnels, architectures et usagers.

Devant la diversité des plates formes, il est paru indispensable de s'acheminer vers une normalisation de la e-formation. Nous abordons, donc, les travaux de normalisation entrepris à cet effet.

IV.2. Formation à distance ou e-formation

IV.2.1. Définition

La e-formation (ou e-learning en anglais) est l'utilisation des Technologies de l'Information et de la Communication appliquées à l'Éducation (TICE) afin de transmettre ou de suivre à distance une formation complète ou une partie de celle-ci. Le e-learning est « un dispositif de formation faisant une large place à Internet ou à des Intranets » [Bellier, 2001].

La e-formation résulte, donc, de l'association de contenus interactifs et multimédias, de supports de distribution (PC, internet, intranet, extranet), d'un ensemble d'outils logiciels qui permettent la gestion d'une formation en ligne et d'outils de création de formations interactives.

La e-formation, se présente sous différents scénarii, comprise entre celui de la transmission de contenu asynchrone lié ou non à une formation présentielle[4] et celui d'une transmission de contenu et d'une interaction effectuée entièrement à distance entre le formateur et les apprenants. La e-formation est basée sur des technologies fiables, mais est orientée vers la pédagogie. Elle repose sur deux composantes : l'ingénierie pédagogique, qui désigne la démarche pédagogique adoptée dans la conception et la diffusion des cours, et la solution technologique, qui s'appuie sur des plates-formes aux fonctionnalités variées [Bus, 2003]. Elle vise à concilier économie (réduction des frais indirects), réponse aux contraintes (individualisation de la formation), efficacité (rapidité de déploiement à grande échelle) et capitalisation (la gestion centrale et systématique du capital des compétences dans le contexte des entreprises [Bus, 2003]). Ainsi, les concepteurs en ligne recherchent une plus large et plus efficace distribution de la formation,

---

[4] NB : Le présentiel est un terme utilisé pour désigner le moment où les personnes qui suivent une formation sont réunies dans un même lieu avec un formateur. La formation en présentiel correspond au mode de formation traditionnel.

l'individualisation et l'adaptation de parcours de formation aux besoins individuels des apprenants, des possibilités de tutorat, de suivi et de démultiplication de l'offre grâce à la mise en commun de ressources, de modules de formation et de tutorat [Aloys, 2003].

IV.2.2. Les différentes formules de la e-formation

La e-formation permet différentes formules, nous citons en particulier les suivantes :

- *Formation exclusivement en ligne (sans tutorat)* : Ce type de formation est proche du service fourni par un CD-ROM ou d'une vidéo de formation. Elle n'apporte pas beaucoup de valeur ajoutée. On la trouve souvent sur les "portails de formation". Elle tend à devenir gratuite. Certains portails faisant payer uniquement le tutorat en ligne.
- *Formation individuelle en ligne avec tutorat asynchrone* : C'est le modèle de référence des "portails de formation", plutôt destiné au grand public. L'acheteur paye en ligne sa formation. Un tuteur lui est attribué, lui propose un programme de travail.
- *Formation en ligne et en présentiel (avec tutorat synchrone)* : C'est plutôt le modèle des universités, écoles et organisme de formation. En mettant en ligne, le contenu de la formation, des tests, des évaluations et un tutorat, cela permet de réduire le temps du présentiel et d'individualiser la formation. Le présentiel permet de faire le point, de répondre à des interrogations, voire d'approfondir le sujet. C'est ce dernier scénario que nous considérons dans nos travaux de recherche.

La e-formation suppose différentes caractéristiques individuelles des apprenants, que ces derniers ne possèdent pas toujours : autonomie, motivation, gestion du temps de travail, etc. Ces caractéristiques sont sources de persévérance des apprenants et ne pas les maîtriser est une source fréquente de démotivation voire d'abandon [Sauvé, 2002].

IV.2.3. Les caractéristiques des apprenants dans une situation d'e-formation

Différents auteurs proposent un éventail d'actions concrètes pour améliorer la persévérance des apprenants engagés dans un programme d'études en e-formation. Les points suivants résument les principales actions proposées dans la littérature :

- *Le sentiment d'appartenance des apprenants à l'établissement universitaire :* selon Kember [Kember, 1990], ce sentiment sera amélioré si le travail des tuteurs est consacré à leurs tâches pédagogiques de suivi et de rétroaction plutôt qu'aux seules interventions de socialisation. Se sentir intégré dans un groupe d'apprenants influence positivement l'engagement de l'apprenant dans sa formation [Bourdages., 2001]
- *La gestion du temps de formation* [Ruelland, 2000]. Un apprenant sachant gérer son temps de formation est plus à même de persévérer dans la formation. Cette organisation est parfois difficile à mettre en place pour certains apprenants [Deschênes, 1999] car savoir gérer son temps de formation demande des compétences d'organisation, de réflexion sur soi-même et de sens critique.
- *L'autonomie* [Deschênes, 1991]. Selon [Demaizière, 1999], l'autonomie est une compétence pré-requise pour que l'apprenant puisse suivre la formation et c'est aussi une compétence acquise une fois que l'apprenant a suivi la e- formation.
- *Adaptation du contenu des cours aux attentes des apprenants :* les méthodes pédagogiques et le contenu des cours devraient être adaptés aux attentes des étudiants. Bien entendu, ce dernier point est l'axe

principal de nos recherches et dans les prochains chapitres de ce manuscrit, nous allons présenter notre approche pour mener à bien cette action.

IV.3. Plate-formes pour la e-formation
IV.3.1. Définition générale

Plate-forme de Formation Ouverte et A Distance (FOAD), plate-forme de formation à distance, plate-forme de e-learning sont divers termes faisant référence à la définition générale de dispositif de formation à distance utilisant les réseaux informatiques comme support ; le dispositif de formation étant l'organisation permettant de réaliser des formations ou des cours avec des objectifs, des documents, des méthodes, des moyens humains, matériels et financiers. Cette définition nous permet d'écarter certains types d'outils parfois appelés plates-formes comme les portails de formation qui ne sont en fait que de simples sites regroupant des offres de formation. Une autre définition proche définit la plate-forme comme le « logiciel qui assiste la conduite des formations ouvertes et à distance » [ORAVEP, 2000], [Ecoutin, 2001].

Il convient également de distinguer ces plates-formes du terme homonyme employé en génie logiciel pour faire référence à une technologie particulière sous-jacente à un système (Corba, J2EE, ou encore .NET sont des exemples génériques de ce type de plate-forme). On parle alors de plate-forme applicative ou bien d'infrastructure pour désigner ces plates-formes.

IV.3.2. Fonctionnalités des plate-formes

Les plates-formes sont apparues dans les années 90 avec pour ambition d'aider les concepteurs et formateurs à mener à bien l'essentiel des fonctions pédagogiques impliquées par la formation à distance [Le Préau, 2000] [Bus, 2001] :

• Production et intégration des ressources pédagogiques (création de cours),

- Présentation de l'offre et des programmes de formation (bibliothèque de formation),
- Diffusion et accès aux ressources,
- Positionnement, construction et gestion des parcours de formation individualisés (gestion des compétences de l'apprenant),
- Animation des personnes et des groupes (accompagnement de l'apprenant en synchrone ou asynchrone),
- Administration financière et technique.

Différentes études [Bus, 2001], [Le Préau, 2000] tentent de comparer les plate-formes sur des plans techniques et pédagogiques. Une première remarque de ces études peut être faite sur les objectifs à priori des plates-formes : celles qui se sont implantées en premier lieu pour les universités, telles que WebCT [WebCT, http] ; et celles qui se sont développées plutôt pour les entreprises, telles que Learning Space [Learning Space, http], même si, selon leurs concepteurs, ces deux types de plates-formes peuvent être utilisés indifféremment dans les deux contextes de formation. Les plate-formes s'enrichissent continuellement afin de proposer davantage de fonctionnalités.

IV.3.3. Usagers de la plate-forme

Les plate-formes de formation à distance proposent aux responsables des dispositifs de formation une solution informatique complète, clé en main, de mise à distance de la formation.

Une Plate Forme de Formation A Distance, PFFAD, intègre des outils pour les différents acteurs de la PFFAD : professeur/auteur, tuteur/assistant, apprenant et administrateur. Le professeur crée des parcours pédagogiques. Le tuteur effectue un suivi du travail des apprenants ainsi qu'une assistance dans l'apprentissage de ces derniers. L'apprenant consulte en ligne et/ou télécharge les contenus pédagogiques qui lui sont recommandés, organise son travail, effectue des exercices, s'auto évalue et transmet des questions et des travaux au tuteur. L'administrateur assure la maintenance du système, s'occupe de l'inscription administrative des apprenants, gère les droits d'accès aussi bien à la plate forme qu'aux ressources pédagogiques. La figure ci-dessous, adaptée de [George, 2001], décrit un modèle de PFFAD :

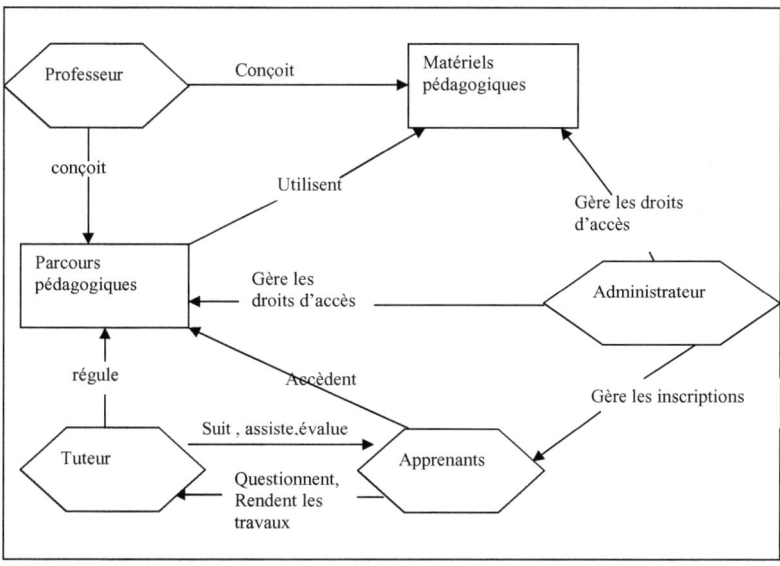

Figure 2: Un modèle de PFFAD

IV.3.4. Typologie et usage des plates-formes

La littérature fait référence aux plates-formes de formation à distance sous diverses appellations permettant ainsi de distinguer des objectifs différents d'utilisation de ces dispositifs.

IV.3.4.1. Learning Management System (LMS)

Le **LMS** ou système de gestion de l'apprentissage est considéré dans bien des cas comme le cœur du dispositif e-formation. Il a pour but la gestion et l'organisation de la formation, en particulier :
- L'individualisation et distribution des parcours de formation ;
- La gestion des apprenants ;
- Le suivi de la réalisation des parcours d'apprentissage ;
- La mise à disposition d'outils coopératifs pour la relation tuteur/apprenant.

IV.3.4.2. Content Management System (CMS)

Le **CMS** ou système de gestion de contenus a pour but de simplifier la création et la gestion des contenus en ligne. Il permet une meilleure fréquence des mises à jour des ressources déjà publiées. Cela repose sur deux principes essentiels de fonctionnement des CMS :
- La forme est séparée du fond : ainsi les auteurs pourront se concentrer uniquement sur leur contenu. Ils disposent pour ce faire de modèles de présentation prédéfinis spécifiques à chaque élément qui compose le document (entête, format du titre, emplacement d'une image, intégration d'un fichier multimédia etc.). L'auteur intègre son contenu dans ce canevas. L'unité de gestion de contenu, assurée par le CMS, est le "grain pédagogique". Le principe de fonctionnement du CMS est l'archivage et la réutilisation de ces "briques de base" dans la composition des parcours individualisés de formation.
- Il induit des procédures de publication des contenus. Deux étapes précèdent la publication : la création, la validation. Le CMS permet de les organiser selon les règles propres à l'entreprise ou au centre de formation.

IV.3.4.3. Learning Content Management System (LCMS)

Le **LCMS** ou Système de gestion de contenu d'apprentissage offre donc les services fusionnés du LMS et du CMS. Il s'appuie sur le modèle des **Learning Objects** (LO) ou objets d'apprentissage. Un Learning Object est composé d'objectifs de formation, d'évaluations et de contenu. Des données appelées "métadonnées" y sont associées. Elles permettent, particulièrement, l'indexation pour faciliter la recherche et la réutilisation.

Le LCMS permet de créer des bibliothèques de LO, une vraie bibliothèque de grains de contenu de formation indépendants, qui peuvent être réutilisés et associés indifféremment les uns des autres.

La seconde fonction des LCMS est la gestion des procédures et des flux de publication. Sur le même modèle que le CMS, le LCMS assure la mise en place d'une organisation garantissant le respect des règles de publication. Après la création d'un LO, l'auteur le soumet à la procédure de validation. S'il est approuvé, il sera publié et donc disponible, sinon il sera rejeté pour être modifié. Les nouvelles fonctionnalités des LCMS permettent de s'orienter vers de nouvelles pratiques dans la création de contenus pédagogiques en favorisant le partage du travail de création et en simplifiant les mises à jour des ressources déjà publiées.

En résumé, le LCMS est un système qui s'appuie sur les principes suivants :
- Modèles de Learning Object réutilisables
- Une bibliothèque de Learning Objects centralisée
- Séparation du contenu de la forme
- Indexation et outil de recherche
- Procédures et outils de travail (gestion du workflow)
- Respect des normes

Après cette présentation détaillée de la e-formation et devant la diversité de ses moyens, il est paru indispensable de s'acheminer vers une normalisation de la e-formation. Nous abordons, dans ce qui suit, les travaux de normalisation entrepris à cet effet.

V. NORMES ET STANDARDS POUR LE E-LEARNING

V.1. Les standards et leur utilité en e-learning

Au delà des considérations pédagogiques, juridiques, économiques (coût réel de la formation à distance, retour sur investissement, financement de la formation), les questions de standardisation et de normalisation des dispositifs de formation à distance, principes sur lesquels travaillent activement organismes nationaux et internationaux, sont au coeur des débats sur l'élaboration des « fondations » de l'enseignement à distance. Ce processus essentiel de normalisation et de standardisation, même s'il est pourtant loin d'être opérationnel, doit, à terme, permettre de favoriser l'essor de l'enseignement à distance. Ainsi, Plusieurs travaux et études portent sur la réalisation des standards, normes et labels au niveau international.

Le principal enjeu de la standardisation et de la normalisation est de rendre inter-opérables les techniques entre elles afin de faciliter l'usage des ressources éducatives quel que soit la plate-forme ou l'environnement technologique utilisés (et indirectement de protéger et d'augmenter le retour sur investissements dans les technologies).

Les standards sont un moyen pour, entre autres [Masie, 2003] :

- pouvoir faire évoluer les plates-formes sans pour autant avoir à re-produire les contenus déjà conçus (soutenir l'évolutivité des plates-formes d'enseignement à distance tout en assurant une compatibilité des systèmes).
- adapter et moduler les contenus et outils en fonction des besoins des utilisateurs (Modulariser à la fois l'espace de formation et les contenus de

formation selon le profil de l'apprenant, son degré d'avancement dans la formation, ses besoins...).
- rendre les systèmes inter opérables (« faire fonctionner l'ensemble des composants logiciels grâce à des interfaces communes »). Cela consiste à pouvoir utiliser et intégrer sur n'importe quelle plate-forme de formation à distance des briques logicielles correspondant à des éléments logiciels indépendants tels qu'un moteur de recherche, un outil de communication, un outil de gestion de lettre d'information

V.2. Normes/Standards et spécifications actuelles

L'intérêt du e-learning est de proposer un ensemble de cours aux apprenants mais aussi de faciliter la mise en place des cours pour les enseignants. Si un enseignant souhaite proposer ses cours sur plusieurs plates-formes, l'utilisation d'une norme permet à l'enseignant de n'écrire qu'une seule fois son cours. C'est un autre enjeux du e-learning et seuls quelques organismes, comme l'IEEE (Institute of Electrical and Electronics Engineers) [IEEE, 2002], l'ISO (International Standard Organisation) [ISO, http] ou encore le CEN (Comité Européen de Normalisation) [CEN, http] sont accrédités à développer les normes. Avant d'étudier les principaux standards et normes, nous les définissons afin de les distinguer :

- Une norme est un ensemble de règles de conformité, édictée par un organisme de normalisation au niveau national ou international.

- Un standard est un ensemble de recommandations émanant d'un groupe représentatif d'utilisateurs réunis autour d'un forum, comme l'IETF (Internet Engineering TaskForce), le W3C (World Wide Web Consortium), le LTSC (Learning Technologie Standards Commitee) et l'IEEE.

V.2.1 Learning Object Metadata (LOM)

LOM est un standard international proposant un modèle de description des métadonnées utilisé pour la description de ressources pédagogiques, numériques ou non. Il décrit l'objet pédagogique selon neuf catégories [IEEE, 2002]. Dans chacune d'entre elles, plusieurs éléments peuvent être répétés (parfois de façon récursive). LOM est le schéma de métadonnées le plus détaillé et offre un ensemble de vocabulaire de référence.

Il s'agit d'un fichier XML qui décrit les caractéristiques du document (dans le cas du e-learning, il décrit le contenu d'un cours ou d'un exercice).

Du côté utilisateur, il permet de retrouver et d'échanger des ressources pédagogiques. Du côté producteur, il permet, dans un contexte où les ressources sont nombreuses et leurs productions sont coûteuses, de partager l'information et de réutiliser les ressources ou leurs composants.

Les 9 catégories du LOM se divisent en 71 sous catégories. Le modèle LOM a été adopté par la plupart des organismes de standardisation (IEEE LTSC, IMS, ADL, ARIADNE) et le plus souvent adapté dans le cadre des profils d'application (SCORM, CanCore, etc). Le modèle Dublin Core qui est un modèle de métadonnées générique défini pour être appliqué à tout type de document numérique a été intégré au LOM. En effet, il constitue l'une des bases les plus utilisées par les systèmes d'indexation. Les 15 champs qui le constituent ont été ainsi repris dans les champs du LOM.

V.2.2 Aviation Industry Computer based training Committee (AICC)

En 1988, des compagnies aériennes, des constructeurs aéronautiques, des producteurs d'enseignement assisté par ordinateur fondent l'AICC. Ils se réunissent pour définir des spécifications techniques communes pour les produits d'enseignement assisté par ordinateur qu'ils utilisent.

AICC a progressivement été étendu à l'ensemble des problématiques liées à la formation électronique. La compatibilité avec cette norme permet notamment l'interopérabilité entre plate-formes et contenus hétérogènes offrant ainsi des possibilités d'évolution et d'enrichissement accrus. En ce qui concerne le e-learning, l'AICC définit la structure des contenus, les modes de communication entre la plate-forme de formation et les contenus pédagogiques.

V.2.3 Sharable Content Object Reference Model (SCORM)

SCORM est une norme qui s'inspire d'AICC. Le Ministère de la Défense Américaine et l'Office of Science and Technology de la Maison-Blanche avaient comme objectif principal de pouvoir réutiliser leurs ressources pédagogiques.

Ils ont lancé le programme Advanced Distributed Learning (ADL), en 1997, qui a produit en 1999 le modèle SCORM, modèle dans lequel la description des cours pouvait se faire à l'aide de composants qui correspondent aux éléments du cours (ce sont des « *assets* » dans le modèle SCORM).

SCORM met en place les règles d'un modèle de gestion de l'apprentissage par l'utilisation du Web. Cette initiative doit permettre aux enseignants d'intégrer les cours qu'ils créent dans d'autres applications, sous différentes plates-formes. Le contenu doit être indépendant des contraintes de mise en forme de façon à autoriser son intégration dans différentes applications. Le contenu devra aussi utiliser des interfaces et des données normalisées. Le SCORM comprend un Format de Structure de Cours (Course Structure Format) basé sur le langage XML et qui permet de transférer plus facilement des contenus en définissant les éléments, la structure et les références externes. Ces spécifications intègrent notamment celles d'IMS et d'ARIADNE.

La structuration du contenu est basé sur le standard LOM et permet la réutilisation du code, la recherche de contenu, la définition de parcours pédagogiques et l'interopérabilité.

Une première version est sortie en janvier 2000, mais SCORM continue à évoluer et aussi à augmenter la portée des caractéristiques en coopérant avec des industries, des gouvernements et des Universités.

V.2.4 Instructional Management Systems (IMS)

L'IMS Global Learning Consortium est un des groupes les plus actifs dans le domaine des spécifications et des normes en e-learning. Il a pour rôle essentiel de coordonner les travaux comme ceux cités précédemment. L'IMS, un groupe de travail né en 1997, est composé de membres issus de l'éducation, d'entreprises et d'organisations gouvernementales. L'IMS a pour objectifs principaux de définir des spécifications techniques pour l'interopérabilité des applications et services de l'éducation distribuée et de supporter l'incorporation des spécifications dans les technologies du Web. Ces spécifications doivent répondre à des principes de base : l'interopérabilité, l'accessibilité, la réutilisation, la pérennité, l'indépendance et la portabilité.

Parmi les spécifications qui restent au niveau du contenu pédagogique, on peut citer:

- IMS-Meta Data Specification qui définit une structure d'éléments ou métadonnées utiles pour décrire les ressources pédagogiques. Cette dernière reprend le LOM (Learning Object Metadata).

- IMS-Content Packaging Spécification qui décrit la structure et l'organisation d'un ensemble de fichiers regroupés en package facilitant son échange.

- IMS-Question and Test Interoperability Specification qui décrit des méthodes et des contenus d'évaluation. L'évaluation est une question délicate dans le domaine de la formation et de l'enseignement, en particulier pour le e-learning adaptatif.

La spécification « Question and Test Interoperability » de l'IMS permet de représenter la structure de données d'une question (item) et d'un test (assessment) ainsi que leurs résultats correspondants. Ces éléments doivent permettre l'échange de ces contenus entre plates-formes d'enseignement à distance et leur intégration avec d'autres contenus.

V.2.5 Synthèse

Dans le tableau suivant nous regroupons les normes et les standards de l'e-learning. La figure 3 présente les interrelations des différents standards

Organisation	Standard
IEEE Institute of Electrical and Electronical Learning (US)	LOM standard des métadonnées pour la réutilisation et l'échange des LO.
ADL Advanced Distributed Learning (US Gov)	SCORM spécifications des métadonnées et la modélisation de la structure du contenu.
ARIADNE Alliance for remote Instructional Authoring & Distribution Network for Europe (EU)	Standard des métadonnées pour l'interopérabilité. grosso modo intégré dans le LOM.
DCMI Dublin Core Metadata Initiative (international organisation)	DC spécifications des métadonnées et la modélisation de la structure du contenu. Actuellement intégré dans le LOM.
AICC Aviation Industry CBT Committee (International organisation)	Modélisation de la structure du contenu.
IMS Information Management Systems (US private company)	Spécifications des métadonnées.

Tableau 1: Synthèse LOM, SCORM, IMS-LD

CH 1 : Les systèmes d'enseignement à distance : état de l'art

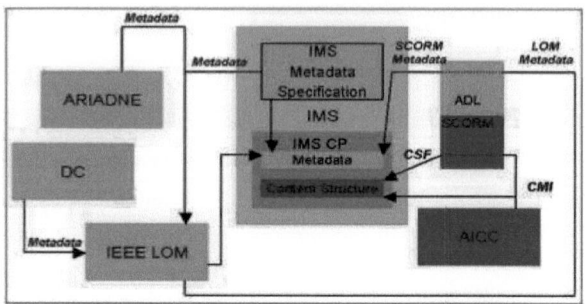

Figure 3 : Interrelations des différents standards

VI. CONCLUSION

Pour conclure ce chapitre nous présentons la figure suivante qui retrace les principaux courants en informatique et éducation depuis les années 60 jusqu'à nos jours.

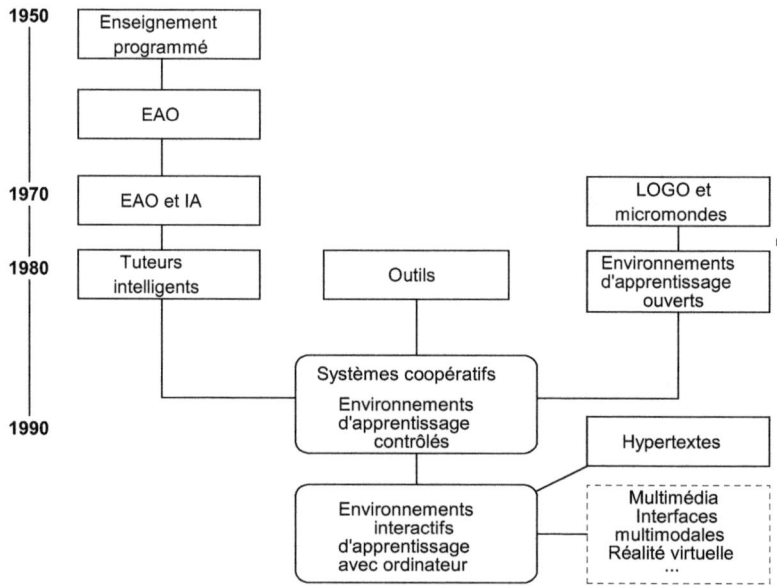

Figure 4 : Principaux courants en informatique et éducation

Dans ce schéma, la première colonne réfère à des courants qui ont privilégié l'enseignement, c'est-à-dire pour lesquels la machine est principalement amenée à jouer le rôle du maître (de l'enseignement programmé aux tuteurs intelligents). La troisième colonne rend compte de recherches dans lesquelles l'ordinateur est un moyen permettant aux apprenants d'effectuer constructions, explorations et découvertes. La colonne centrale correspond aux tentatives de synthèse de ces deux approches, essayant de concilier un certain guidage par la machine dans des environnements largement contrôlés par les apprenants. Bien entendu, un tel découpage est schématique et réducteur et ne correspond que très imparfaitement à ce qui s'est passé, les idées ayant traversé les différents courants.

Cependant et quelle que soit l'architecture supportant un système dédié à l'enseignement, il est primordial que l'utilisateur soit le centre d'intérêt principal du système.

Dans ce chapitre, nous avons donc, étudié l'évolution des systèmes d'enseignement assisté par ordinateur durant les quarante dernières années. Nous avons noté que la préoccupation au fil des années a changé. Alors qu'au début, on s'intéressait à produire des systèmes les plus intelligents possibles, depuis quelques années l'accent est plutôt mis sur la production de documents multimédias en ligne.

Cette évolution est due en grande partie au Web, qui est l'un des services du réseau Internet et constituant la clef de voûte des Technologies de l'Information et de la Communication (TIC) et qui est basé sur le principe de l'hypermédia et récemment sur l'hypermédia adaptatif. Le chapitre suivant abordera ces systèmes et leur utilisation dans un cadre éducatif.

CHAPITRE II

LES HYPERMEDIAS ADAPTATIFS POUR L'ENSEIGNEMENT

I. INTRODUCTION

Dans le passé, l'axe central de l'enseignement portait sur le contenu. Il était structuré autour de modules de base tels que la littérature, l'histoire et les sciences ; chacun d'entre eux était divisé, par des experts, en des entités plus petites, plus aisément manipulables et enseignées selon un plan préétabli.

Une approche, relativement nouvelle, centrée sur l'apprenant (*learner centered*) [Norman, 1996], met l'accent sur les besoins, les capacités et les intérêts de l'apprenant. Cette approche peut s'assimiler à celle centrée sur l'utilisateur (user centered) où l'accent est porté sur l'interface.

Sur un autre plan, la technologie des hypertextes/hypermédias est souvent utilisée pour surmonter la linéarité ou séquence des structures d'informations en permettant l'intégration non linéaire d'informations pouvant être représentées par différentes formes de média : texte, image, vidéo et audio. De ce fait, cette technologie est en mesure de donner des réponses aux attentes de l'approche centrée sur l'apprenant. C'est ce que nous allons essayer de montrer tout au long de ce chapitre.

Nous allons, donc, étudier les hypermédias en commençant, d'abord, par les définir. Ensuite, nous distinguons deux types d'hypermédia : les hypermédias adaptatifs et les hypermédias adaptatifs dynamiques. Nous nous intéresserons à leur utilisation dans un cadre éducatif. Une grande partie de ce chapitre est consacrée à la modélisation de l'utilisateur où nous présentons les différents modèles de l'apprenant, les techniques d'acquisition de ces modèles et enfin la représentation de ces modèles en se basant sur les langages d'ontologie.

II. Qu'est ce qu'un hypertexte/hypermedia ?

II.1 Un peu d'histoire

On attribue à Vannevar Bush la paternité du concept d'hypertexte. Dans un article intitulé "As we may think" [Bush, 1945] paru en 1945 dans l'Atlantic Monthly, cet ingénieur mathématicien, professeur au Massachusetts Institute of Technology, déplore que l'organisation de la documentation scientifique ne permette pas un accès rapide à une masse de connaissances, sans cesse grandissante. Il a, donc, défini les fonctionnalités d'une machine-bureau, nommée *Memex* ("memory extander"), qui permettrait à quiconque de sauvegarder des milliers d'informations, comprenant des textes, des images et des sons sous forme de microfilm. Ces informations pourraient être consultées rapidement et avec une très grande flexibilité.

Ainsi et pour rechercher l'information, Bush définit, à côté de l'indexation classique par mots clés, un mécanisme permettant d'associer les documents donnant à l'utilisateur la possibilité de naviguer de document en document :

Memex aurait non seulement permis aux chercheurs de sélectionner rapidement des matériaux textuels, iconographiques ou sonores, mais encore de les annoter et de mémoriser le parcours de la consultation. Le but de cet outil était de devenir une extension de la mémoire de l'utilisateur. Le volume de connaissances ainsi mis en jeu nécessitait l'utilisation d'un index, ainsi qu'un système permettant de relier les documents entre eux, afin de passer d'un document à un autre : le principe de l'hypertexte était né, même si aucun Memex ne vit le jour.

Cependant, le mot hypertexte n'a pas été utilisé dans l'article de Bush et c'est seulement en 1965 que Ted Nelson [Nelson, 1965] définit un hypertexte. Il considère que la principale propriété de l'hypertexte est de ne pas être séquentiel (ou linéaire), par opposition à un discours ou aux pages d'un livre.

Trois ans plus tard, c'est à dire en 1968, le système NLS, pour *oN Line System*, conçu par Douglas Englebart, apparaît et fut le premier système hypertexte. Ce système est l'un des fruits de recherche du projet *Augmentation System* [Englebart, 1962]. Autour de ce projet, plusieurs concepts ont été inventés tels que : l'invention de la souris, l'interface graphique basée sur les fenêtres...L'importance d'Engelbart pour l'histoire de l'hypertexte réside avant tout dans sa reconnaissance que l'hypertexte est lié à des techniques de représentation visuellement attractives et à des formes d'interaction ergonomiques.

Ainsi et depuis NLS plusieurs systèmes basés sur les techniques hypertextes apparaissent sur le marché.

II.2. Quelques définitions

Le terme hypertexte/hypermédia peut être défini suivant trois points de vue [Delestre, 2000] : celui de sa structure (la définition structurelle), celui de l'interaction de l'utilisateur avec le système (définition fonctionnelle) et enfin du point de vue de la sémantique (définition sémantique). Dans ce qui suit, nous allons voir ces trois points de vue.

II.2.1. Définition structurelle

L'Encyclopedia Universalis définit l'hypertexte comme un système interactif qui permet de construire et de gérer des liens sémantiques entre des objets repérables dans un ensemble de documents polysémiques. De manière plus précise, on parle d'hypertexte lorsque les objets polysémiques sont des éléments de texte et d'hypermédia, lorsqu'il s'agit d'objets au sens le plus général, par exemple des images à deux ou à trois dimensions, des séquences d'images animées, des séquences sonores et, bien sûr, des textes.

On distingue deux types d'objets : celui qui est à l'origine d'un lien (appelé la référence) et le noeud vers lequel le lien arrive (appelé l'ancre ou le référent).

Un lien peut être uni ou bidirectionnel. La variété des types de noeuds définis dans un système hypertexte permet de considérer ce système comme un outil très flexible pour la représentation d'informations. Cette flexibilité est largement enrichie par la disponibilité de toute une variété de types de liens. Dans le tableau ci-dessous les principaux types sont présentés.

Liens calculés	Ils peuvent être fixes (déterminés avant chaque nouvelle version du produit hypertexte en question) ou dynamiques (issus d'un calcul en temps réel).
Liens organisationnels (ou structurels)	des liens hiérarchiques utilisés pour présenter les matériaux à des niveaux de détail de plus en plus grands.
Liens d'indexation	des renvois traditionnels sur support papier (table d'index des matières, ou des noms d'auteurs cités, etc.)
Liens inverses	à tout lien correspond son inverse, ceci pour les liens édités autant que les liens calculés.
Liens valués	On calcule pour chaque lien engendré une valeur, ou un indicateur numérique de pertinence, qui lui reste attachée, mais peut être dynamiquement modifiée.

Tableau 2 : Les principaux types de liens dans un système hypertexte

II.2.2. Définition fonctionnelle

Pour Balpe [Balpe, 1996], un hypertexte sera ce qui est parfois nommé produit hypertexte et non un langage ou un système particulier permettant de créer ce produit. Il consiste en un système informatique présentant, pour un domaine donné (botanique, histoire, etc.) une connaissance fragmentée dont l'ordre de consultation/lecture n'est pas prédéterminé. Cette définition a le mérite de mettre l'accent sur une fonction et non sur une structure ou un postulat énoncé a priori.

Rhéaume dans [Rhéaume, 1993] écrit aussi :

> « *L'hypertexte est par conséquent un document virtuel - qui n'est jamais globalement perceptible - dont l'actualisation d'une des potentialités est conditionnée par l'effectivité de la lecture. Cette propriété de l'hypertexte en fait un document « interactif » dans lequel le lecteur tient une place prépondérante.* »

Pour résumer et d'un point vue fonctionnel, l'hypertexte peut être considéré comme étant un procédé informatique permettant d'associer une entité à une autre.

II.2.3. Définition sémantique

Nanard [Nanard, 1995] indique qu'épistémologiquement le mot hypertexte signifie « plus que du texte ». Le mot « plus » signifie, pour l'auteur, la combinaison de deux concepts :
- un ensemble de documents,
- une connaissance

Donc, l'hypertexte peut être vu comme un couplage entre un ensemble de ressources et un ensemble de connaissances sur ces ressources, via un mécanisme d'ancrage, permettant divers types de parcours dont la navigation. Si l'ensemble de ressources peut être partiellement structuré, le but est de s'affranchir de leur organisation initiale. Un hypertexte ne se résume donc pas à la simple juxtaposition, dans un réseau de documents (les noeuds du réseau) et de liens (les arêtes du réseau) permettant un parcours non linéaire de la base. Les liens peuvent être unidirectionnels, bidirectionnels et éventuellement typés.

Notons que l'essor des hypertextes est bien évidemment lié à celui d'Internet, et plus particulièrement du World Wide Web et du langage HTML dédié à la conception aisée de documents hypertextuels, même si l'on peut considérer que le Web n'est qu'une variante dégénérée des hypertextes. Il n'inclut que des liens unidirectionnels, non typés sémantiquement et inclus directement dans les documents, du moins à l'heure actuelle.

Cependant, il existe plusieurs architectures d'hypertexte, nous allons en consacrer le paragraphe suivant.

II.3. Différentes architectures d'un hypertexte

Les hypertextes offrent une grande diversité de structures et des modes de navigation plus ou moins complexes. Dans le tableau ci-dessous, nous regroupons les différentes structures d'un hypertexte.

L'hypertexte tourne-page	reproduit à peu près le feuilletage séquentiel d'un livre. L'interactivité offerte à l'utilisateur est restreinte
L'hypertexte arborescent	l'information est organisée en niveaux hiérarchiques, de façon descendante, de la racine à l'élément terminal. L'utilisateur s'y déplace selon le cheminement construit par l'auteur, en passant d'un niveau à l'autre
L'hypertexte combinatoire	Il offre une architecture délinéarisée; il contient un nombre fini de noeuds. L'ensemble des parcours possibles constitue un graphe fini, calculable mathématiquement.
L'hypertexte en étoile	un noeud central d'informations donne accès à des noeuds périphériques, contenant des informations de deuxième niveau. l'utilisateur active les liens et obtient l'information complémentaire désirée; il revient ensuite au noeud central.
L'hypertexte en maille de filet	l'utilisateur choisit les relations qu'il veut établir entre les noeuds disponibles et active les liens dans l'ordre

	qui lui convient. Cette structure est dynamique et illustre la virtualité de l'hypertexte
Le réseau hypertextuel	La structure en maille de filet constitue un réseau de documents. Ce réseau hypertextuel est organisé selon une architecture dite "client-serveur". Chaque serveur de documents ne gère que l'ensemble des documents dont il est responsable

Tableau 3 : Les différentes structures d'un hypertexte

Après avoir précisé les notions d'hypertexte et d'hypermédia. Nous allons, dans le paragraphe qui suit, nous intéresser à deux types particuliers d'hypermédia : les hypermédias adaptatifs et les hypermédias adaptatifs dynamiques

III. LES HYPERMEDIAS ADAPTATIFS

III.1. Introduction

Le principe des hypermédias adaptatifs repose sur la constatation suivante : les hypermédias traditionnels présentent les mêmes pages et les mêmes hyperliens à tous les utilisateurs, ceux-ci peuvent différer les uns des autres par leurs objectifs, leurs acquis, leurs antécédents et leurs connaissances par rapport au sujet traité par l'hypermédia. D'un autre côté, la non linéarité qui était le principal atout des hypermédias, est vite devenue un inconvénient majeur. Des études ont montré que l'usager pouvait se perdre dans l'hyper-espace. Du fait de ces constatations, les recherches se sont orientées pour guider l'utilisateur dans son cheminement en fonction de ses objectifs, de ses connaissances et de ses préférences en modifiant, aussi bien, le contenu des pages que les liens entre les documents. De là, est née l'idée de construire des hypermédias adaptatifs. Peter Brusilovsky, considéré comme le père des hypermédias adaptatifs, nous donne plusieurs définitions. Dans ce qui suit nous traduisons quelques unes :

> *"Par systèmes hypermédias adaptatifs, nous considérons tous systèmes hypertexte et hypermédia qui comportent quelques caractéristiques de l'utilisateur dans le modèle de l'utilisateur et appliquent ce modèle pour adapter certains aspects visibles du système à l'utilisateur "* [Brusilovsky, 1998]
>
> *"L'hypermédia adaptatif est une direction de recherche au croisement des hypermédias et de la modélisation de l'utilisateur"* [Brusilovsky, 2001]
>
> *"Les hypermédias adaptatifs et les systèmes Web sont essentiellement des collections d'items d'informations interconnectés qui permettent aux utilisateurs de naviguer d'un item à l'autre et de rechercher des items pertinents. L'effet de l'adaptation dans ce rigide contexte est limité à trois technologies d'adaptation : sélection adaptative du contenu, support de navigation adaptatif et présentation adaptive."* [Brusilovsky, 2002]

III.2. Caractéristiques des Hypermédias adaptatifs

Brusilovsky pose alors les questions essentielles que rencontre tout concepteur de système adaptatif : Pourquoi utiliser un système adaptatif ? Quels problèmes peuvent être résolus par de tels systèmes ? Quelles caractéristiques de l'utilisateur doivent être prises en compte ? Qu'est ce qui peut être adaptatif dans le système ? Et enfin quels sont les objectifs de l'adaptation ?

Selon Brusilovsky [Brusilovsky, 1998] et comme le montre la figure 5, un hypermédia adaptatif doit satisfaire trois critères. Il doit être un système d'information dont l'interface est un hypermédia. Il doit contenir un modèle utilisateur et il doit être capable d'utiliser ce modèle pour adapter l'hypermédia. L'hypermédia adaptatif est utile quand le système est appelé à être utilisé par des personnes ayant des connaissances différentes ou des buts différents et quand l'hyper-espace est étendu.

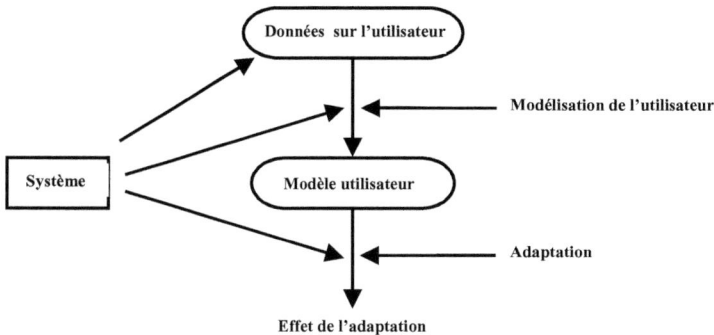

Figure 5 : Modélisation de l'utilisateur – adaptation

III.3. Les différents types d'adaptation

Un hypermédia est composé de deux types d'éléments, des contenus et des liens. Deux classes d'adaptation ont donc été définies : l'adaptation du contenu qui manipule le contenu des hypermédias et l'adaptation de la navigation qui concerne plus particulièrement les liens. L'idée de l'adaptation du contenu est d'adapter le contenu d'une page accédée par un utilisateur particulier, à sa connaissance, ses objectifs ou encore d'autres caractéristiques qui lui sont propres.

L'adaptation de la navigation a pour but d'aider les utilisateurs à trouver leur chemin dans l'espace d'information en adaptant la présentation des liens en fonction des objectifs, de la connaissance ou encore d'autres caractéristiques de l'utilisateur. La figure ci-dessous adaptée de [Prié, 2004] regroupe les différentes techniques d'adaptation.

CH2 : Les hypermédias adaptatifs pour l'enseignement

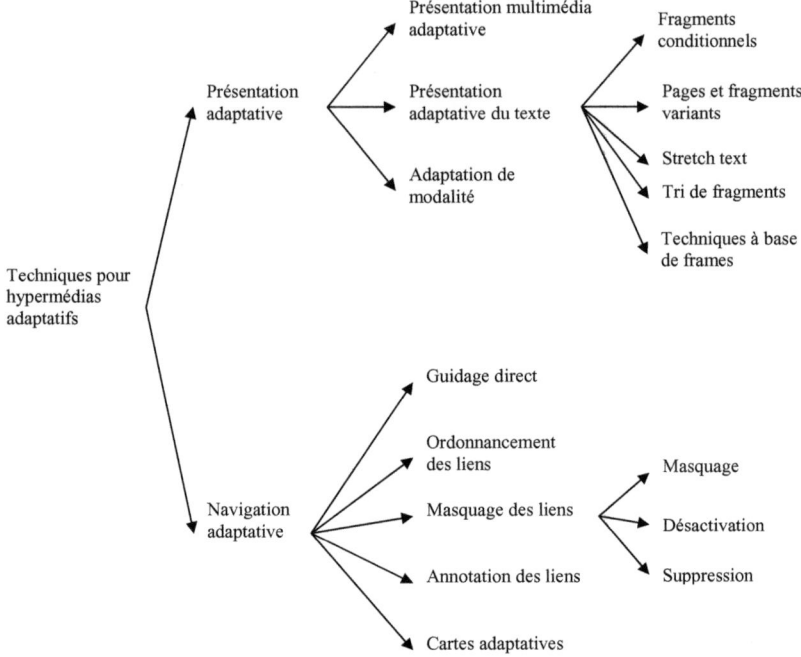

Figure 6 : Les classes et les techniques d'adaptation

Dans le tableau ci-dessous nous regroupons les différentes techniques utilisées pour les deux classes d'adaptation : l'adaptation du contenu et l'adaptation de la navigation.

Adaptation de la navigation	Adaptation du contenu
Le guidage direct : basé sur l'ajout d'un lien hypertexte qui permet d'accéder à la page en adéquation avec les objectifs ou les capacités de compréhension	**Fragments conditionnels :** toutes les informations sur un concept sont divisées en plusieurs parties. Chaque partie est associée à une condition sur le niveau de connaissance de l'utilisateur. Quand le

de l'apprenant	système présente des informations à l'utilisateur, il ne présente que celles dont la condition est vraie
L'ordonnancement des liens : propose d'afficher les liens hypertextes suivant un ordre définissant l'intérêt ou l'importance des pages cibles.	**Stretch Text :** Ce sont des types particuliers d'hypermédia où un «hot word» est simplement remplacé par le texte correspondant et étend ainsi la page courante. L'idée de l'adaptation des «Stretch Text» est de «déplier» les «hot word» pertinents et de laisser les autres «pliés»
Le masquage des liens : consiste à masquer les liens hypertextes dont les pages cibles sont soit en inadéquation avec le modèle de l'apprenant, soit en inadéquation avec ses objectifs.	**Pages et fragments variants :** Les fragments ou pages variants permettent d'implanter les explications variantes. • Pages variantes : plusieurs présentations pour une page, une par stéréotype par exemple ou en fonction du background de l'utilisateur. • Fragments variants : une page contient des explications sur plusieurs concepts : un fragment par concept, (plusieurs variantes d'un même concept) ou différentes explications structurelles du même concept en fonction du niveau de connaissances.

L'annotation des liens : sert à adjoindre aux liens des commentaires qui permettent de donner à l'apprenant des informations sur les pages à visiter.	Techniques à base de frames : l'information sur un concept particulier est représentée par un frame. Les slots du frame peuvent contenir des explications différentes du concept, des liens avec d'autres frames, des exemples ...
Les cartes adaptatives : permet de présenter à l'utilisateur l'organisation de l'hyperespace à l'aide de liens, soit sous forme textuelle, soit sous forme graphique, adéquate avec son profil.	

Tableau 4 : Les différentes techniques d'adaptation

Pour conclure cette présentation nous notons que ces techniques ne sont pas mutuellement exclusives. Au contraire, leur combinaison peut entraîner un parcours plus efficace et une navigation plus facile et aidera l'utilisateur à se repérer facilement dans l'hypermédia tout en acquérant les connaissances objectives de l'apprentissage.

Afin d'améliorer la qualité de l'adaptation et de prendre en compte de nouvelles données, les recherches se sont orientées également vers les hypermédias adaptatifs dynamiques. Nous nous y attardons dans les paragraphes suivants.

III.4. Les hypermédias adaptatifs dynamiques

La principale caractéristique des hypermédias adaptatifs dynamiques est d'offrir un hypermédia virtuel. Le système n'est plus constitué de pages et de liens prédéfinis : les pages et les liens sont construits dynamiquement. L'architecture de ces systèmes repose sur les composants d'un hypermédia adaptatif à savoir : le modèle du domaine, le modèle de l'utilisateur et une base de documents, et aussi, sur un nouveau composant à savoir : le générateur de pages ou d'interfaces [Delestre, 2000].

L'utilisation des hypermédias adaptatifs dynamiques apporte plusieurs avantages : d'un côté, l'adjonction d'un nouveau support peut être immédiatement prise en compte (du moment où les pages sont dynamiquement construites). D'un autre côté, les concepteurs ne se préoccupent pas de la façon dont les médias seront agencés. Il leur suffit de définir l'architecture générale du système (modèle du domaine) et déterminer les documents qui vont servir à présenter chaque concept.

Le modèle du domaine, comme pour les hypermédias adaptatifs, est défini en fonction de l'architecture globale du système. Le modèle utilisateur permet de sélectionner les différents objets à présenter. La base d'objets contient tous les éléments, en relation avec le domaine, et pouvant être inclus dans le document à afficher. Le générateur de pages fonctionne de la même manière qu'un moteur SQL, c'est-à-dire, qu'en tenant compte des différents paramètres, il génère et affiche, d'une manière transparente pour l'utilisateur, les objets appropriés et structurés correctement dans la page, conformément à la requête faite en fonction du contexte.

III.5. Les hypermédias dans l'éducation

III.5.1. Introduction

L'idée d'intégrer des systèmes adaptatifs dans l'enseignement n'est pas récente, elle remonte aux années 60 (machine Autotutor Mark II) lorsque l'accent a été mis sur l'individualisation de l'enseignement et le travail autonome de l'apprenant. Au départ, il s'agissait d'utiliser les différents médias existants de manière séquentielle (TV éducative, Radio, film, Vidéo, etc.) Catano, en 1979, a été le premier à utiliser un système hypertexte (FRESS) pour enseigner la poésie. Depuis, les recherches n'ont cessé d'intégrer les nouvelles technologies telle que le multimédia puis l'hypermédia [Beeman, 1989], [Duffy, 1990], [Bruillard, 1997].

Il est de coutume de distinguer trois grands types d'usage des hypertextes en éducation (Nanard, 1995 ; Bruillard, 1997) :

- l'extraction d'information dans des bases d'informations (métaphore de la mine) : explorer un réseau d'informations important ou accéder précisément à des noyaux d'informations,

- l'organisation d'informations existantes pour mieux les valoriser (métaphore de la transformation): opérer (annoter, extraire, etc.) sur un réseau d'informations,

- la production d'informations ou de structures de connaissances nouvelles (métaphore du jardinage) : construire un réseau d'informations.

Nous allons, dans ce qui suit, énumérer les avantages et les inconvénients de l'utilisation des hypermédias dans un cadre éducatif.

III.5.2. Avantages

Deux grands atouts, liés à la structure intrinsèque des hypermédias, émergent de leur utilisation dans un cadre éducatif : la composante multimédia et la composante hypertexte.

Les théories actuelles sur les processus cognitifs humains proposent que nos connaissances soient organisées en un réseau sémantique dont les concepts (noeuds) sont reliés par des associations. Sur la base de la similarité entre la structure de l'organisation de notre mémoire et celle d'un hypertexte, il est admis dans la communauté des chercheurs sur les hypertextes que, pour l'apprentissage, les hypertextes sont supérieurs aux textes linéaires [Jonassen, 1990].

Nadeau [Nadeau, 1997] déclare que les hypertextes (hypermédia) ont les avantages suivants :
- Ils favorisent la pensée associative.
- Ils favorisent l'initiative de l'apprenant du fait de l'interaction de ce dernier avec le système.
- Ils favorisent l'apprentissage collaboratif.
- Ils facilitent l'apprentissage interdisciplinaire.
- Ils favorisent le soutien de l'activité de l'apprenant : la consultation d'une aide, par exemple, permet à l'apprenant, d'augmenter son activité, sans demander des recherches trop importantes dans un manuel.

III.5.3. Inconvénients

Malgré les avantages qui sont liés à l'utilisation des hypermédias, il subsiste néanmoins des inconvénients que nous avons regroupé dans les points suivants :

- **Une complexité de surface :** L'utilisation des médias ne devraient pas être abusive : n'utiliser un média que si celui-ci a un but éducatif réel. Trop souvent les hypermédias n'ont qu'une complexité de surface, c'est-à-dire qu'ils ne sont qu'un collage de textes, de graphiques et de vidéos. Une complexité profonde implique des liens intentionnels entre le contenu et le choix du média.
- **La passivité :** L'utilisation de trop de médias peut rendre l'apprenant passif. Pour empêcher cela, il faut parfois se limiter dans l'utilisation de certains médias. Ainsi, par exemple, bien que l'ordinateur puisse dessiner de superbes graphiques mathématiques, il serait peut-être plus souhaitable que l'utilisateur les dessine lui-même.
- **La désorientation :** Elle se manifeste par une consultation rapide de plusieurs noeuds successifs (balayage). Cette désorientation est décrite

comme étant le reflet du sentiment de ne pas percevoir la relation entre le noeud vu et le reste du réseau ou d'être incapable de trouver un noeud que l'on sait exister dans le réseau. Rhéaume [Rhéaume, 1993] explique que la désorientation est principalement due à notre mémoire court terme, puisque comme l'a montré [Miller, 1956], les êtres humains ne sont capables de mémoriser sur le moment qu'un nombre limité d'informations (sept items à plus ou moins deux). Cependant, le problème de désorientation est intimement lié à un deuxième problème: celui de la surcharge cognitive.

- **La surcharge cognitive :** La surcharge cognitive est provoquée par un grand nombre d'informations proposées par le système. Une surcharge cognitive peut apparaître lorsque:
    - à un moment donné de sa recherche, l'apprenant perd de vue le but initial.
    - l'activité de lecture est trop segmentée.
    - est confronté à des choix trop nombreux dans la poursuite de son activité et a ainsi du mal à mémoriser l'historique de ses déplacements.

Cependant, certains inconvénients peuvent être palliés grâce aux systèmes hypermédias éducatifs adaptatifs. Aujourd'hui, ces systèmes sont devenus indispensables dans le télé-enseignement [Martin, 2003]. Brusilovsky [Brusilovsky, 2002] considère les systèmes hypermédias éducatifs adaptatifs comme des systèmes alternatifs aux systèmes traditionnels *"one-size-fits-all"*. Les systèmes hypermédias éducatifs adaptatifs construisent un modèle regroupant les objectifs, les préférences et les connaissances de chaque apprenant et utilisent ce modèle à travers les interactions avec l'apprenant pour une meilleure adaptation aux besoins de ce dernier.

III.5.4. Architecture des hypermédias adaptatifs pour l'enseignement

L'architecture des systèmes d'hypermédias adaptatifs pour l'enseignement est généralement basée sur trois composants :

a) un modèle de l'apprenant qui représente les informations connues par le système à propos de l'utilisateur. Ces informations peuvent être directement entrées par l'utilisateur (par exemple en réponse à des questions posées par le système), calculées à partir de résultats à des tests ou exercices, ou bien déduites du comportement de l'utilisateur en terme d'interaction avec le système (choix de navigation, temps de lecture de documents, etc.) ;

b) un modèle du domaine qui structure les éléments pédagogiques auxquels l'utilisateur peut accéder et les possibilités de navigation parmi ces éléments. Le domaine est le plus souvent structuré selon une hiérarchie de concepts qui représentent des entités pédagogiques que l'apprenant doit valider soit simplement en parcourant des éléments de cours, soit en réussissant des tests. L'ensemble de ces concepts est muni d'un ensemble de relations (par exemple, relations de pré-requis) ;

c) un moteur qui détermine quels éléments pédagogiques et quelles possibilités de navigation sont à proposer à l'utilisateur à un moment donné. Ces trois composants sont étroitement liés, le modèle du domaine étant structuré en fonction du type d'information pris en compte par le modèle de l'apprenant.

III.5.5. Exemples d'hypermédias adaptatifs pour l'enseignement

Les premiers hypermédias adaptatifs pour l'enseignement étaient développés en 1995-1996 ([Brusilovsky, 1996], [De Bra, 1996]). Et depuis plusieurs hypermédias adaptatifs pour l'enseignement ont été développés. Dans ce qui suit nous proposons quelques exemples.

- ELM-ART [Brusilovsky 1996b] : il s'agit d'un système hypermédia adaptatif destiné à l'apprentissage du langage LISP. Il fournit des conclusions personnalisées en utilisant les parcours effectivement réalisés par l'apprenant.
- KBS Hyperbook [Henze, 1999] : il s'agit d'un système hypermédia adaptatif. Il permet aux apprenants de déterminer leurs objectifs et leur fournit une aide pour appréhender les différentes connaissances nécessaires pour atteindre leurs objectifs.
- METADYNE [Delestre, 2000] : ce système est un hypermédia adaptatif et dynamique dans lequel l'hyper espace est virtuel et les cours sont générés dynamiquement.
- INSPIRE [Papanikalaou, 2001] : il permet de générer dynamiquement des cours qui mènent progressivement à l'accomplissement des objectifs choisis par l'apprenant.
- PERSONAL READER [Dolog, 2004] : c'est un système basé sur le Web sémantique, ce système exploite les métadonnées et les ontologies pour générer des structures hypertextes à partir de sources pédagogiques distribuées.

Notons que malgré les différences au niveau des techniques d'adaptation ou au niveau des modèles d'apprentissage une constante est maintenue dans tous ces systèmes : le modèle de l'apprenant. Ce dernier constitue le cœur d'un hypermédia adaptatif. Par conséquent, nous consacrons les paragraphes suivants à tous les aspects de la modélisation de l'utilisateur d'une façon générale et particulièrement de l'apprenant.

IV. MODELISATION DE L'UTILISATEUR

IV.1. Définition

Selon Wahlster, un modèle utilisateur est défini comme suit:
"Un modèle utilisateur est une source de connaissance contenant des suppositions explicites à propos de tous les aspects des utilisateurs qui peuvent être pertinents dans le dialogue du système". [Wahlster,1991]
Un système capable de fournir une interaction personnalisée nécessite un modèle utilisateur. Ce modèle contient des informations sur les buts, les besoins, les préférences ou les intentions des utilisateurs. Dans un contexte d'enseignement, Le *modèle de l'apprenant* est une représentation des connaissances de l'apprenant, qu'elle soit qualitative ou quantitative, formelle ou informelle, et qui rend compte complètement ou partiellement d'aspects spécifiques du comportement de l'apprenant [Sison, 1998].

Le modèle de l'apprenant stocke, donc, les informations spécifiques à chaque apprenant. Ce modèle doit, d'une part, garder une trace sur la performance de l'étudiant dans son apprentissage et d'autre part enregistrer ses erreurs. Le modèle de l'apprenant est nécessaire pour produire à l'étudiant un enseignement répondant à ses particularités et à ses besoins.

Plusieurs modèles tels que les modèles par recouvrement et les modèles par stéréotypes ont été utilisés pour modéliser l'apprenant. Nous consacrons les sections suivantes à la présentation de quelques uns de ces modèles.

IV.2 Les modèles par recouvrement (overlay approach)

Un modèle *par recouvrement* (*overlay model*) consiste à identifier le comportement de l'apprenant avec un sous-ensemble de la base de connaissances (Figure 7).

Dans sa plus simple forme l'overlay model indique si une notion est assimilée, pas entièrement assimilée ou pas du tout assimilée. Les connaissances de l'apprentissage sont, donc, des sous connaissances de l'expert [Carr, 1977]. Ainsi, il y a comparaison des performances de l'apprenant avec celles de l'expert dans les mêmes conditions.

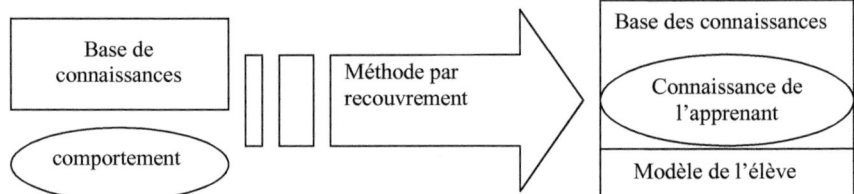

Figure 7 : Principe d'une méthode par recouvrement

Cependant, il faut reconnaître que chaque apprenant a une démarche qui lui est particulière, or l'expert ne peut fournir que des démarches générales, d'où l'inconvénient de cette approche et la naissance du modèle de l'erreur (*buggy model*) dont l'objectif est de comprendre l'origine de l'erreur et de proposer une stratégie de remédiation. La figure suivante tirée de [Beck, 1996] schématise les deux variantes du modèle de recouvrement:

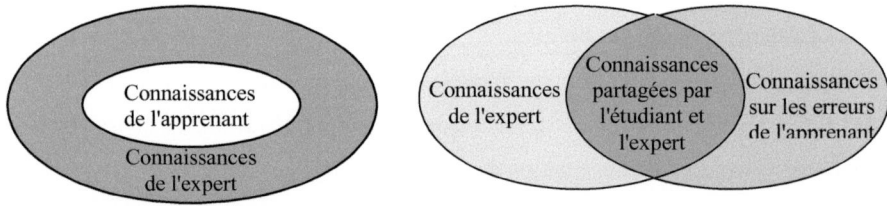

(a) Modèle de recouvrement de l'apprenant   (b) Modèle de recouvrement avec erreurs

Figure 8 : Modèles de recouvrement de l'apprenant

IV.3. Les modèles par stéréotypes (stereotype models)

Une approche de modélisation par stéréotype classifie l'utilisateur dans des stéréotypes. Les utilisateurs appartenant à une certaine classe ou catégorie sont supposés avoir les mêmes caractéristiques. Rich dans [Rich, 1979] a introduit l'idée des stéréotypes des utilisateurs, un modèle de groupe d'utilisateurs partageant les mêmes intérêts et les mêmes caractéristiques, dans un système de recommandation de livres appelé *Grundy*. Grundy utilise des stéréotypes d'utilisateurs tels que: féministe, intellectuel, sportif, etc. Pour améliorer le modèle de l'utilisateur, le système demande à l'utilisateur si la recommandation lui convient ou non et pourquoi. Ces informations vont permettre au système de mettre à jour aussi bien les stéréotypes que le modèle de l'utilisateur courant.

Chin [Chin, 1989] a revu le modèle de l'utilisateur par stéréotype dans son système KNOME. Dans ce dernier, les utilisateurs sont regroupés par rapport à leur expertise dans l'utilisation du système Unix. Les utilisateurs appartiennent à une catégorie et héritent des propriétés de cette catégorie. Quatre catégories sont définies : novice, débutant, intermédiaire et expert. Avec la classification des utilisateurs, KNOME catégorise aussi les notions à enseigner par niveau de difficulté : simple, moyen et complexe. L'utilisation des stéréotypes pour les catégories d'apprenant et les notions à enseigner est un exemple de système à double stéréotypes (double stereotype system).

IV.4. Autres modèles

A part ces modèles classiques, plusieurs autres types des modèles utilisateurs ont été définis et utilisés, nous pouvons citer: modèles d'utilisateurs épisodiques (episodic learner models) [Weber, 1997], modèles différentiels et modèles de perturbation (differential models and perturbation Models) [Kaas, 1993], open/ scrutable user models [Kay, 1995], [Dimitrova, 2001]…

Ces dernières années les modèles utilisateur ont eu recours aux technologies agent. Plusieurs agents ont été utilisés pour construire et maintenir les modèles utilisateur [Moukas, 1997], [Gouarderes, 2000]

Plusieurs catégories peuvent être distinguées pour décrire les caractéristiques des utilisateurs ou d'un groupe d'utilisateurs. Kaas [Kaas, 1993] utilise les catégories suivantes : buts, aptitudes attitudes et connaissances ou croyances. Brown et al [Brown, 1989] divisent les variations humaines en : aptitudes psychomotrices, possibilité d'appréhension et de compréhension, explications, motifs, besoins, stratégies et possibilités cognitives et enfin préférences. Delestre [Delestre, 2000], Habieb et al [Habieb et al, 2003] découpent le modèle utilisateur en : préférences, expériences et connaissances, plans et buts courants, et aptitudes cognitives. Quant à Stash et al., ils traitent les styles d'apprentissage (learning styles) [Stash, 2004]

IV.5. Méthodes d'acquisition du modèle utilisateur

IV.5.1. Introduction

Un modèle est souvent propre à un domaine de connaissances donné, couramment nommé *domaine d'application* (par exemple l'algèbre, l'informatique, la chimie…) et ce dans une situation et un contexte d'apprentissage précis. Le domaine d'application s'accompagne d'un type de tâche à effectuer, les connaissances mobilisées étant différentes selon qu'il est demandé à l'apprenant d'appliquer un algorithme de calcul simple ou de résoudre une équation du second degré. Trois méthodes d'acquisition du modèle utilisateur peuvent être considérées : l'acquisition explicite, l'acquisition implicite et l'acquisition mixte.

IV.5.2. L'acquisition explicite

La manière la plus simple consiste à demander explicitement à l'utilisateur ses préférences. Ces dernières sont ensuite représentées sous forme de vecteurs de mots clefs pondérés [Marinilli, 1999]. Les mots clefs représentent les préférences et les pondérations représentent la valeur affectée à la préférence.

Pour pouvoir saisir à priori un modèle utilisateur sans toutefois forcer ce dernier à conceptualiser ses besoins, la méthode utilisée par [Billsus, 1997] paraît intéressante. Ici, l'utilisateur donne non pas ses centres d'intérêt, mais des points de vue sur ce qu'on lui présente (en l'occurrence un ensemble de documents).

Bien que cette méthode soit un moyen efficace pour obtenir des informations sur l'utilisateur, il faut cependant prendre en considération plusieurs points. D'un côté, cette méthode demande à l'apprenant un certain temps à passer pour répondre aux questions. D'un autre côté, l'élaboration des questionnaires nécessite de grandes compétences (même pluridisciplinaires). Finalement, l'utilisateur peut ne pas être très coopératif (donner des réponses non exactes, ne pas répondre, …). Pour remédier à ces problèmes, il est préférable de questionner l'utilisateur au tout début parce qu'on sait qu'un utilisateur est prêt à rentrer ses préférences au tout début [Cotter, 2000], en fait en dehors d'une interaction finalisée, avant qu'il n'ait des objectifs autres que se faire reconnaître par la machine. A partir du moment où l'utilisateur est engagé vers un objectif (son cours par exemple), il souhaite ne pas le quitter. Dans le même esprit, le processus de diagnostic de l'apprenant peut être simplifié à une classification des résultats produits par l'apprenant à l'issue d'une activité [Choquet, 1998]. Les résultats de l'apprenant peuvent être corrects, incorrects ou ignorés.

IV.5.3. L'acquisition implicite

Dans ce type d'acquisition, l'utilisateur n'est pas sollicité directement, mais observé en situation. Le système infère le modèle à partir de la trace des situations, comme dans [Ardissono, 2000], qui mettent à jour l'appartenance probabiliste d'un utilisateur à des stéréotypes.

L'acquisition implicite est probablement la méthode la plus désirée parce qu'elle ne distrait pas l'utilisateur de sa tache principale (suivre son cours par exemple). Pour modéliser l'utilisateur implicitement, le système recense les informations en entrée et en sortie de l'interaction de l'utilisateur avec le système. La tache la plus difficile dans ce processus est l'interprétation des informations recensées pour générer des hypothèses valides sur l'utilisateur.

Basé sur la durée de l'interaction avec le système, un modèle utilisateur inféré peut être classé comme suit :

- *Un modèle superficiel (shallow model):* ne prend pas en considération les interactions des sessions précédentes de l'utilisateur avec le système.
- *un modèle profond (deep model)*: contrôle les comportements de l'utilisateur et prend en considération tout l'historique des interactions de l'utilisateur avec le système.

IV.5.4. L'acquisition mixte

L'acquisition mixte consiste à combiner à la fois une phase d'initialisation explicite qui permet de bâtir un premier modèle utilisateur, et une phase implicite de mise à jour en observant les interactions.

La plupart des applications que nous avons étudiées combinent à la fois une phase d'initialisation statique qui permet de bâtir un premier modèle utilisateur, et une phase dynamique de mise à jour en observant les interactions. Il en est ainsi de [Billsus, 1997] [Marinilli, 1999], [Cotter, 2000] et [Ardissono, 2000].

Après cet aperçu sur les différents modèles de l'apprenant et leurs méthodes d'acquisition, et pour donner un tour exhaustif sur l'état de l'art sur la modélisation de l'apprenant, nous allons dans ce qui suit, voir comment ces connaissances sont elles représentées au niveau de la machine en utilisant les langages d'ontologie.

V. LA MODELISATION DE L'UTILISATEUR ET LES LANGAGES D'ONTOLOGIE

V.1. Introduction

Pouvoir adapter un hyperdocument suppose de disposer de méta-informations par rapport à son contenu. En effet c'est à partir de ces méta-informations que l'on pourra sélectionner des éléments pertinents permettant l'adaptation du contenu. Ces méta-informations peuvent reposer sur une ontologie [Chabert-Ranwez, 2000], [Crampes, 2002]

L'ontologie est un terme qui provient de la philosophie et qui concerne l'étude de l'être ou de l'existence. En ingénierie des connaissances, l'ontologie est une spécification de la conceptualisation.

V.2. Les ontologies en ingénierie des connaissances

Bien que les questions ontologiques datent des origines de la philosophie, le terme lui-même est relativement récent, puisqu'il semble dater du XVIIe siècle.
Les ontologies sont apparues au début des années 90 dans la communauté d'Ingénierie des connaissances, dans le cadre des démarches d'acquisition des connaissances pour les Systèmes à Base de Connaissances (SBC). Dans de nombreux systèmes informatiques, qu'il s'agisse d'applications, de bases de données ou du World Wide Web, bon nombre de connaissances sont prises en considération, implicitement ou explicitement. La manière dont ces connaissances sont mises en oeuvre est en général satisfaisante puisqu'elle permet de faire fonctionner l'application pour laquelle elles ont été recensées.
Cependant, la nécessité d'expliciter les connaissances de manière à les rendre manipulables informatiquement et indépendamment de toute application reste indispensable. Une telle «spécification abstraite d'une conceptualisation», d'après les termes de Gruber [Gruber, 1995] porte le nom d'ontologie.

CH2 : Les hypermédias adaptatifs pour l'enseignement

Il est difficile de donner une définition exacte de l'ontologie tant les définitions sont nombreuses [Gruber, 1995], [Mizoguchi, 2004]. Néanmoins, Mizoguchi propose un ensemble de critères qui nous semble être un bon compromis entre toutes les définitions que nous avons pu rencontrer:

« Est-ce que cela exprime la connaissance consensuelle d'une communauté de gens ? Est-ce que les gens l'utilisent comme une référence de termes définis avec précision ? Est-ce que cela exprime la connaissance consensuelle d'une communauté d'agents ? Est-ce que le langage utilisé est suffisamment expressif pour que les gens puissent dire ce qu'ils veulent dire ? Est-ce que cela peut être utilisé pour de multiples cas de résolution de problèmes ? Est-ce que c'est stable ? Est-ce que cela peut être utilisé pour résoudre une variété de différents types de problèmes ? Est-ce que cela peut être utilisé comme point de départ pour construire de multiples types d'applications incluant une base de connaissances, un schéma de base de données ou un programme orienté-objet ? [...] Plus la réponse à ces questions est positive, plus c'est ontologique. » [Mizoguchi, 2004]

Uschold et Gruninger [Uschold, 1996] définissent plusieurs catégories d'utilisation des ontologies : communications entre les personnes et les organisations, interopérabilité entre les systèmes, ingénierie des systèmes, ingénierie de la spécification et réutilisation.

L'ontologie est à la fois un outil pour modéliser les connaissances et un mécanisme pour représenter les connaissances. Dans le contexte de l'Intelligence Artificielle d'après Gruber [Gruber, 1993] : l'ontologie est une spécification de la conceptualisation. L'ontologie peut être définie aussi comme un vocabulaire conceptuel consensuel. Sowa [Sowa, 2000] définit une ontologie comme un domaine qui a comme objet l'étude des catégories qui existent ou qui pourraient exister dans un certain domaine. Hendler [Hendler, 2001] définit une ontologie comme un ensemble de termes de connaissances, incluant un vocabulaire, une sémantique d'interconnexions et quelques règles d'inférence.

Après ce tour d'horizon sur les définitions données à l'ontologie et bien qu'il y ait un désaccord sur le sens précis du mot ontologie, la plupart des chercheurs en Intelligence Artificielle conviennent que les fondations ontologiques d'un modèle de connaissances est l'ensemble des catégories de haut niveau et des relations utilisées pour construire les entités du modèle les plus spécifiques.

V.3. Les ontologies et le Web

A sa création par Tim Berners Lee, au début des années 90, l'objectif du Web était de permettre des échanges rapides de savoirs entre individus distants. C'est dans ce but qu'a été créé le langage HTML, autorisant une mise en forme aisée et rapide des documents en ligne.

Dix ans plus tard, au début du 21ème siècle, la dispersion du Web commence à se ressentir tant au niveau de la présentation que du balisage ou du respect des standards. Les documents présents sur le Web ne constituent plus, de par leur hétérogénéité, une source de savoir fiable et agréable à consulter.

Depuis plusieurs années, toutefois, une nouvelle idée du Web prend corps : celle d'un Web Sémantique. Le Web sémantique se veut un Web dont le contenu peut être appréhendé et exploité par des machines. Ainsi, le Web sémantique pourra fournir des services plus aboutis à ses utilisateurs (trouver l'information pertinente, sélectionner, localiser et activer le service nécessaire...). Il peut être vu comme une infrastructure complémentant le contenu informel du Web actuel avec de la connaissance formalisée. Cette formalisation peut se faire grâce aux ontologies. Les ontologies décrivent les structures et ajoutent des sémantiques aux données disponibles sur le Web.

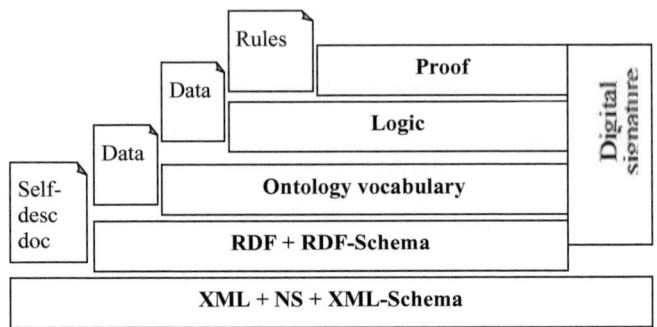

Figure 9 : Les couches du Web sémantique selon le W3C

Suivant le schéma ci-dessus le Web sémantique aurait une structure à cinq couches :

- La couche XML vue comme la couche syntaxe
- La couche RDF/RDFS vue comme la couche méta-données.
- Les langages d'ontologies permettant de spécifier la sémantique des données.
- La couche logique (logic) ajoute des mécanismes de raisonnement intelligents
- La couche preuve (proof) permet de "prouver" les résultats des services automatisés.

Ainsi, le Web Sémantique est construit sur la capacité de XML de définir des schémas de balisage personnalisés et sur la flexibilité de l'approche RDF pour représenter les données. Si les machines sont supposées faire des tâches de raisonnement utiles sur ces documents, le langage doit aller au-delà des sémantiques de base du *RDF Schema*. OWL a été conçu pour répondre à ce besoin pour un langage d'ontologie pour le Web. OWL est une partie d'une pile évolutive des recommandations W3C relativement au Web Sémantique.

Les recherches en Web sémantique sont principalement concernées par la troisième couche, les langages d'ontologie. Les technologies telles que XML et RDF/RDS, recommandées comme des standards Web par le W3C représentent la base de la couche des langages d'ontologies.

V.4. Les ontologies en e-learning

V.4.1. Les ontologies pour la représentation des connaissances en e-learning

Depuis la fin du dernier siècle et le début de ce siècle, les langages d'ontologies commencent à être utilisés dans la représentation des connaissances des systèmes d'e-learning. (Modèle de l'apprenant, Modèle du domaine...)

Les premières idées sur l'utilisation d'ontologies pour la modélisation d'apprenant ont été rapportées par Chen et Mizoguchi [Chen, 1999].

Sur un autre plan, l'idée d'utiliser des ontologies pour représenter le modèle du domaine est liée à la structure même de ce modèle. En effet, le modèle du domaine est souvent structuré comme une taxonomie de concepts, avec des attributs et des relations, connectés avec d'autres concepts. Ce qui ramène naturellement à l'idée d'utiliser des ontologies pour représenter ces connaissances. Plusieurs chercheurs ont déjà utilisé les ontologies dans des environnements d'enseignement intelligents [Chen, 1999], [Ikeda, 1999].

V.4.2. Les ontologies et la réutilisation

Le besoin d'utiliser les ontologies pour représenter les connaissances dans un système d'e-learning n'est pas seulement lié à la correspondance des ontologies avec la structure même de ces connaissances mais aussi à l'idée de créer des structures de connaissance réutilisables.

Les chercheurs dans le domaine de la modélisation de l'utilisateur ont d'ores et déjà souligné l'importance de construire des modèles utilisateur réutilisables. Dans

[Kay, 2001] Kay argumente le besoin de l'utilisation des ontologies par le fait qu'un système personnalisé nécessite que son modèle utilisateur soit réutilisable.

En effet, un modèle utilisateur réutilisable est important pour deux raisons: d'abord, il est coûteux de construire et maintenir un modèle utilisateur. Ensuite, il est contraignant pour l'utilisateur de passer du temps à se faire construire un modèle utilisateur indépendant pour chaque application.

La figure 11 représente une forme simplifiée de OntobUMf (Ontology-based User Modeling framework) [Razmerita, 2005], un système pour la modélisation des utilisateurs à base d'ontologie.

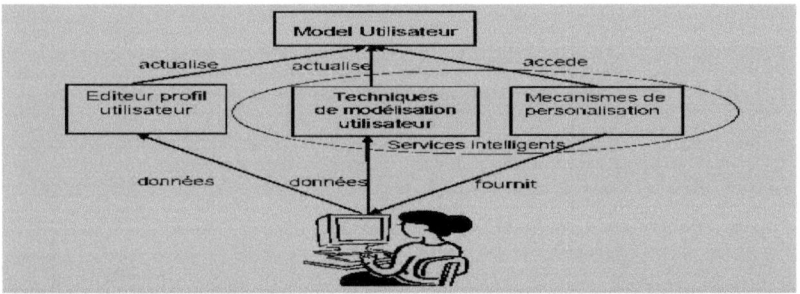

Figure 10 : Modélisation utilisateur et mécanismes de personnalisation

Chen et Mizoguchi [Chen, 1999] proposent un modèle d'utilisateur à base d'ontologie défini comme "learner model agent" et ils montrent comment intégrer ce modèle dans une architecture multi agents. Heckmann et Krueger [Heckmann, 2003] proposent un modèle utilisateur à base de XML comme une plateforme de communication ubiquitaire.

VI. CONCLUSION

Le développement des technologies de l'information et de la communication dans l'enseignement (TICE) a bouleversé les pratiques en matière de e-formation. Les possibilités de communication offertes par Internet permettent, désormais, de rompre avec l'isolement de l'apprenant à distance, comme le montrent les divers travaux réalisés dans le domaine au cours des dernières années. On considère désormais qu'il est possible, voire nécessaire, de créer un lien social entre les intervenants d'une formation à distance, apprenants comme enseignants.

Les motivations à suivre une même formation pouvant énormément varier entre deux apprenants, il est également nécessaire de laisser aux apprenants la possibilité d'adapter la formation à leurs besoins. Les techniques de différenciation pédagogique trouvent là tout leur intérêt et il devient possible d'offrir à l'apprenant des contenus adaptés à ses besoins et à son parcours préalable.

Les hypermédias adaptatifs peuvent jouer ce rôle d'outil de différenciation des contenus. En effet, un support de cours adapté aux connaissances et aux objectifs de l'apprenant serait bien plus utile qu'un simple hypermédia statique. Cette adaptation est basée sur une modélisation appropriée de l'apprenant et le choix des moyens nécessaires à cette modélisation. C'est dans cette perspective que ce chapitre a été consacré aux hypermédias adaptatifs.

Dans les chapitres suivants, au vu de la synthèse de cet état de l'art et des travaux réalisés dans le domaine de la personnalisation des environnements d'apprentissage, nous allons donner notre approche de conceptualisation d'un hypermédia adaptatif.

CHAPITRE III

NOTRE APPROCHE DE PERSONNALISATION

I. INTRODUCTION

Traditionnellement, un cours en présentiel regroupe un nombre assez important d'apprenants, d'une trentaine dans les classes de cours intégrés à plusieurs centaines dans les amphithéâtres. Dans ces conditions, l'enseignant est assez souvent contraint de s'adresser à tous de la même manière, c'est-à-dire de dispenser à tous les apprenants le même cours.

Toutefois, les apprenants d'un même groupe peuvent différer sur une multitude de points, chacun de ces points appelant une stratégie d'enseignement différente :

– les pré-requis et les conceptions préalables [Vergnaud, 1991],
– le profil cognitif [Gardner, 2004],
– les objectifs et motivations vis-à-vis de la formation suivie, etc.

Ces différences influencent énormément la manière dont les apprenants vont comprendre les informations qui leur sont proposées. D'où l'idée de la *personnalisation*. Cependant, la personnalisation est quasiment impossible dans un contexte présentiel traditionnel mais elle peut l'être dans un contexte de Formation A Distance (FAD). Et le fait que les apprenants soient éloignés dans le temps et dans l'espace facilite même la mise en œuvre d'une telle personnalisation.

Plusieurs générations de systèmes de FAD ont vu le jour (tel que nous l'avons présenté dans le premier chapitre). Cependant, et dans un premier temps, ces systèmes étaient orientés sur le contenu. L'apprenant est souvent considéré comme un simple « absorbeur » de l'information et la question de personnalisation était négligée.

Ensuite, une génération de systèmes avancés a intégré des possibilités de personnalisation et a considéré l'apprenant comme un acteur central dans un système d'apprentissage. Ces systèmes ont donc permis, entre autres

fonctionnalités, de créer des environnements personnalisés. La personnalisation intervient à plusieurs niveaux :
- au niveau des contenus, tant dans le fond (niveau des connaissances abordées) que dans la forme (types des médias employés),
- au niveau des activités proposées aux apprenants,
- au niveau de la liberté offerte aux apprenants, etc.

Le but de la personnalisation est l'établissement d'une certaine *forme de communication* entre l'utilisateur et le système, ce dernier essayant au mieux de satisfaire les besoins, les contraintes et les préférences du premier.

La personnalisation dans les Systèmes d'Enseignement est une fonction importante car la population des utilisateurs peut être très hétérogène. Les utilisateurs peuvent avoir des profils très différents et la personnalisation permet de s'adapter aux besoins spécifiques de chaque utilisateur. Ainsi, les techniques de personnalisation doivent permettre d'adapter le contenu, de filtrer les connaissances à partir des différents critères qui correspondent au mieux aux utilisateurs. La personnalisation permet de ne pas noyer les utilisateurs dans des informations qui ne sont pas pertinentes pour leurs caractéristiques spécifiques.

Tous ces arguments en faveur du besoin de personnalisation dans les environnements d'enseignement ont été étayés par l'expérience que nous avons menée à l'Ecole Supérieure des Sciences et Techniques de Tunis (ESSTT) et que nous allons brièvement décrire dans la section suivante. [Chorfi, 2002a].

II. EXPERIENCE D'E-LEARNING A L'ESSTT

II.1. Description

Nous, le groupe d'e-learning de l'unité de recherche UTIC, avons mené en 2001 une expérience pour tester le mode d'apprentissage à distance en Intranet. L'équipe qui a mené cette expérience était formée de trois auteurs (ceux qui préparent les cours), quatre tuteurs (ceux qui assistent les cours) et deux infographistes (ceux qui mettent en œuvre les éléments multimédias du cours).

Nous avons développé un cours de bureautique et avons commencé son enseignement à un groupe de 120 étudiants en première année de la maîtrise d'Informatique de l'ESSTT.

Le développement de ce cours a été réalisé par les auteurs avec l'aide des deux infographistes pour traiter et intégrer les éléments multimédias tels que images, sons, séquences vidéo, animations flash…

Les 120 étudiants ont été divisés en huit groupes de 15 étudiants. L'ensemble de ces étudiants a suivi, tout d'abord, une formation de 8 heures en système d'exploitation et en utilisation d'Internet et du Web, puis chaque groupe a eu une formation de 2 heures sur l'utilisation de la plate-forme d'e-learning développée pour cet objectif. Cette plate forme locale est à la fois un système de gestion d'enseignement (LMS) et un système de production de contenus pédagogiques (LCS). La plate forme comporte quatre modes: l'apprenant, l'auteur/professeur, le tuteur et l'administrateur.

L'expérience a duré 3 mois (mi-novembre 2001 à mi –février 2002). Pendant cette période, les étudiants ont été amenés à suivre la totalité du cours à distance. Ils communiquaient avec leur tuteur (1 tuteur est affecté à chaque groupe) à travers les e-mails ou le Chat. Toutes les trois semaines, les étudiants ont été soumis à une évaluation à soumettre par e-mail. La soumission était limitée par une date de remise. Au-delà de cette date, le système n'autorise plus la soumission.

A la fin, nous avons procédé à une évaluation de l'expérience afin d'en tirer les conclusions nécessaires.

II.2. Evaluation de l'expérience

Pour évaluer cette expérience nous nous sommes basés sur deux types de données:
- Les appréciations des utilisateurs : des questionnaires ont été distribués aussi bien aux étudiants qu'aux tuteurs et professeurs dans le but de recueillir leurs appréciations. Dans le questionnaire distribué aux étudiants, l'accent a été mis principalement sur les aspects tels que : la facilité d'utilisation de la plate forme, la structuration des cours et les dispositifs de communication. Alors que pour les tuteurs/professeurs, le questionnaire a comporté deux volets : un volet concernant les stratégies pédagogiques et un autre concernant la quantification des efforts requis pour ce nouveau mode d'enseignement tels que le temps nécessaire pour la préparation des contenus, le temps passé pour la supervision des étudiants (répondre aux e-mails, Chat, animations des forums) et le temps requis pour corriger les devoirs et les évaluations.
- Les données statistiques délivrées par la plate-forme : ce genre de données nous permet de connaître la fréquence d'utilisation de tel ou tel outil, le temps de connexion, le nombre de visite, etc.

Plusieurs points ont été retenus à partir de l'analyse du questionnaire [Chorfi, 2002b]. Notons, que principalement cette expérience a été fortement appréciée par les étudiants (plus que 85%) (voir figure 11): elle leur a permis d'acquérir une double compétence : la maîtrise de l'outil informatique et l'acquisition de nouvelles compétences en matière de bureautique. Cette double compétence a été acquise graduellement et au rythme de chaque étudiant.

CH3 : Notre approche de personnalisation

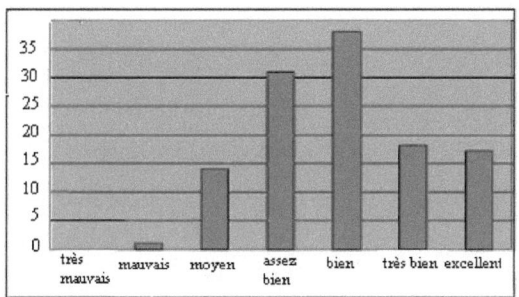

Figure 11 : Diagramme d'appréciation de l'expérience de l'ESSTT par les apprenants

II.3. Apports

Outre l'analyse des données statistiques et celles recueillies à partir des questionnaires, nous pouvons noter, à partir de nos constations et celles de nos collègues participant à l'expérience, que ce nouveau mode d'apprentissage a permis d'apporter des améliorations aussi bien pour l'étudiant que pour le professeur.

En ce qui concerne l'étudiant, les points les plus importants que nous puissions mentionner consiste, d'abord, dans l'élimination de la barrière psychologique entre l'enseignant et l'apprenant. En effet, l'étudiant pose plus de questions à propos du cours (par e-mail ou par chat) à son tuteur et le contacte plus spontanément et plus aisément.

Ensuite, l'étudiant est plus responsable dans la gestion de son cours, en prenant des notes personnelles et en optimisant son temps d'accès aux pages.

Enfin, l'étudiant est plus responsable dans la gestion de son temps. En effet, au début de l'expérience, la plupart des étudiants n'arrivaient pas à respecter les délais de remise des évaluations mais à la fin tous les étudiants y parvenaient.

En ce qui concerne le professeur, nous notons les trois points suivants ; d'abord, une amélioration des méthodes pédagogiques. En effet, le professeur bénéficie d'un nouvel environnement de travail qui lui procure d'énormes possibilités pour produire un cours de grande qualité intégrant des animations, des couleurs, des images, du son... Ensuite, le professeur profite des avantages de la réutilisation numérique. Ainsi, dés lors qu'un cours en ligne est produit, sa réutilisation est illimitée et sa mise à jour est très simple permettant au professeur de concentrer ses efforts au suivi et à l'encadrement de ses étudiants. Enfin, le professeur peut gérer un emploi du temps beaucoup plus souple que celui en présentiel.

II.4. Limites

Cependant, et malgré les avantages et les différentes fonctionnalités qu'a offert la plate forme aux étudiants, elle reste plutôt figée dans une logique de transmission des connaissances sans prendre en considération les différences des apprenants (pré-requis, préférences en terme de média et d'apparence ...). Cette logique suscite plusieurs discussions :

- Pourquoi proposer le même contenu pour des apprenants ayant des pré-requis différents ? cette façon de faire est contraignante et peut même vouer un cours à distance à l'échec. En effet, les apprenants devraient être épargnés de la surcharge cognitive. Il est avantageux et profitable de leur proposer un contenu qui leur est approprié.
- Pourquoi proposer la même apparence du cours à tous les apprenants ? En effet, à l'ère des TIC et du multimédia, il est nécessaire de varier l'apparence du cours suivant les préférences de l'apprenant. Ce qui permettra d'augmenter son attention et son attrait pour le cours.
- Pourquoi ne pas profiter du fait que malgré l'hétérogénéité dans les groupes, il existe des apprenants qui ont le même profil ou des profils assez similaires

(les mêmes pré-requis et les mêmes préférences) ? En effet, en tenant compte de ce constat, il serait possible d'augmenter les performances du système en réutilisant les propositions de cours faites à des apprenants de même profil et minimiser ainsi le temps de construction d'un cours personnalisé.

III. NOTRE APPROCHE DE PERSONNALISATION

III.1. Objectifs

Partant de ces constats, notre objectif est de proposer une approche de personnalisation des environnements d'enseignement à distance et de concevoir des outils informatiques proposant à l'apprenant un cours personnalisé en tenant compte de ses pré-requis et de ses préférences en terme de type de média.

Sur la base des travaux étudiés précédemment, nous nous intéressons plus particulièrement aux points suivants :

- *la détermination du profil cognitif (les pré-requis par rapport au cours à suivre) de l'apprenant et ses préférences en termes de type de média*
- *la détermination de la structure du cours à proposer à l'apprenant à partir d'un cours général*
- *la génération dynamique d'un cours personnalisé à chaque apprenant en tenant compte des pré-requis de ce dernier et de ses préférences en terme de type de média.*

Notons que la personnalisation que nous proposons à l'apprenant s'effectue au tout début d'une session de formation. Nous pensons que cette anticipation de la personnalisation est nécessaire pour la réussite d'une session de formation à distance et permet de lutter, entre autres, contre l'abandon de l'apprenant.

Par ailleurs, la personnalisation en amont constitue une initialisation d'un processus de personnalisation qui va continuer tout au long de la session de formation.

CH3 : Notre approche de personnalisation

Dans les travaux que nous avons étudiés, le problème de personnalisation est solutionné, principalement, par les hypermédias adaptatifs dynamiques. Nous continuons dans cette lignée de recherche avec au cœur de nos travaux, une extension de l'architecture de l'hypermédia adaptatif dynamique proposé par Brusilovsky. Cette extension vise à optimiser et minimiser le temps de construction d'un cours personnalisé. Ainsi, nous proposons dans cette thèse l'architecture d'un hypermédia adaptatif dynamique basé sur la réutilisation pour minimiser le temps de construction d'un cours personnalisé. Dans cette architecture, nous proposons des solutions de modélisation de toutes les connaissances utilisées dans l'hypermédia pour une meilleure réutilisation.

III.2. Notre architecture vs l'architecture de Brusilovsky

Nous rappelons que l'architecture des hypermédias adaptatifs dynamiques telle que proposée par Brusilovsky repose sur quatre composantes principales :
- le modèle du domaine,
- le modèle de l'utilisateur,
- une base de documents et
- un générateur de cours.

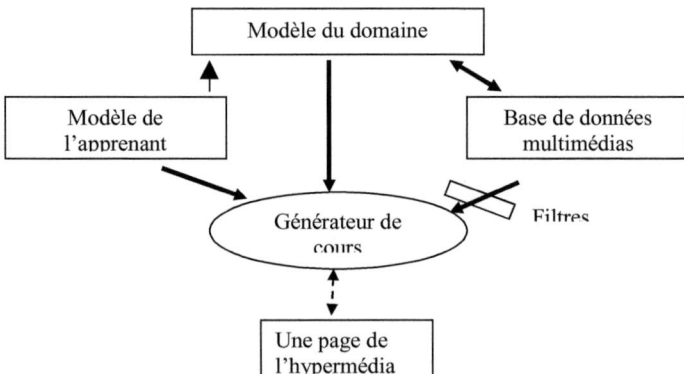

Figure 12 : Architecture d'un hypermédia adaptatif dynamique

L'architecture que nous proposons et que nous allons développer tout au long de cette thèse consiste à revoir les composantes de base et à ajouter une cinquième composante : le système CBR.

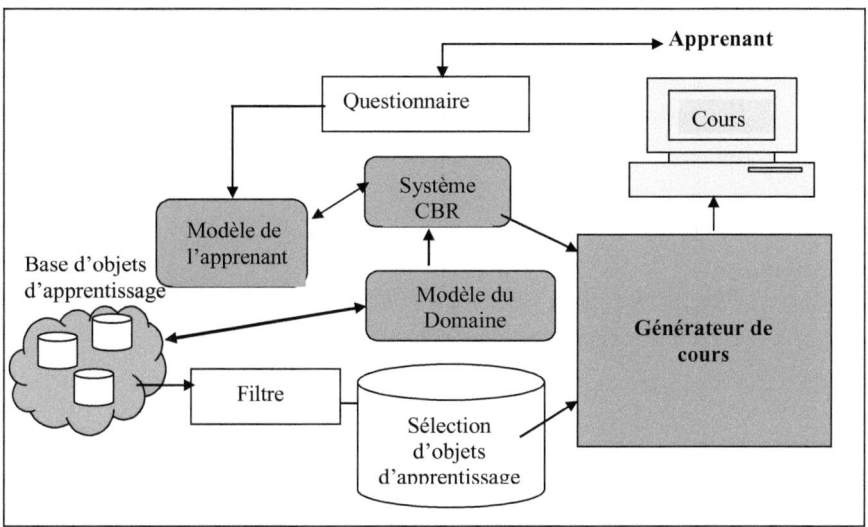

Figure 13 : Architecture proposée

Cette dernière composante est ajoutée en réponse au troisième constat de l'expérience, décrite ci-dessus, et qui constitue une des nos hypothèses de travail. Son principal rôle est de stocker les expériences précédentes pour les réutiliser en cas de similarité. Le système CBR sera détaillé dans le cinquième chapitre.

Cependant, la mise en œuvre du modèle conceptuel que nous venons de proposer a nécessité le recours à des approches et des modèles que nous détaillons dans les sections suivantes.

IV. MODELES ET APPROCHES ADOPTES

IV.1. Introduction

Pour atteindre les objectifs que nous nous sommes fixés, nous devons donner des réponses aux questions suivantes :

- Comment allons-nous déterminer le profil de l'apprenant ? quelle approche allons-nous adopter ?
- Comment représenter le modèle du domaine ?
- Comment allons-nous mettre en œuvre, d'un point de vue informatique, le fait qu'il existe, dans un même groupe, des apprenants ayant les mêmes profils ou des profils similaires et profiter de cette similarité ?
- Comment allons-nous générer un cours personnalisé ?

La suite de cette thèse est donc consacrée pour donner des réponses à ces questions. Dans ce chapitre nous allons nous intéresser aux approches et aux modèles adoptés pour atteindre les objectifs que nous nous sommes fixés.

Dans ce qui suit, nous allons nous intéresser à la question primordiale de tout système d'enseignement adaptatif, à savoir : la modélisation de l'apprenant.

IV.2. Approche de modélisation de l'apprenant

IV.2.1 Introduction

Dans le chapitre 2, nous avons étudié les trois manières d'acquisition du modèle de l'utilisateur à savoir : l'acquisition statique ou explicite, l'acquisition dynamique et l'acquisition mixte. Nous soulignons que l'acquisition statique est souvent utilisée dans un premier temps pour établir un modèle utilisateur initial qui sera ensuite mis à jour dynamiquement.

Comme la personnalisation que nous proposons est au début de la session, l'approche explicite va donc satisfaire nos objectifs.

L'approche explicite est souvent réalisée par un questionnaire dynamique appelé pré test. L'apprenant est soumis à ce questionnaire avant de commencer son cours : c'est une phase de reconnaissance entre le système et l'apprenant. En effet, il est connu qu'un utilisateur est prêt à rentrer ses préférences au tout début [Cotter, 2000], en dehors d'une interaction finalisée, avant qu'il n'ait des objectifs autres que de se faire reconnaître par la machine. Mais, à partir du moment où l'utilisateur est engagé vers un objectif, il souhaite ne pas le quitter (le système bascule à ce moment vers une acquisition dynamique)

Cependant, plusieurs types de pré-tests peuvent être utilisés avec l'approche explicite et il nous faut donc choisir le type adéquat. Les paragraphes suivants donneront une réponse à cette question.

IV.2.2. Types de pré-tests

Il existe plusieurs types de pré tests dont nous pouvons citer:
- le pré-test exhaustif : pour que l'évaluation soit la plus adéquate possible, la solution idéale serait de poser une question sur chacune des notions du cours, ce qui correspond au pré test exhaustif. Cependant, en pratique, ce type de pré-test ennuierait l'étudiant parce qu'il le soumet à un nombre assez élevé de questions.
- Pré-test adaptatif (adaptive pretest) : c'est un exemple de pré test intelligent. Dans un pré test intelligent le questionnaire est focalisé sur les notions les plus importantes du cours (ce qui permettra de minimiser le nombre des questions au dépend d'une réduction de la fiabilité des informations). Le pré-test adaptatif [Arroyo, 2001] choisit la prochaine question à poser à l'apprenant en tenant compte de ses réponses aux questions précédentes.

- Pré-test avec catégorisation : c'est une autre façon d'éviter d'immerger l'apprenant par un tas de questions. Malgré que chaque étudiant possède des caractéristiques uniques, il est, cependant, possible de regrouper les étudiants ayant des traits similaires dans des catégories appelées stéréotypes [kay, 2000]. Une fois les catégories sont déterminées, la tâche à accomplir quand un nouvel apprenant arrive est, d'abord, de le situer dans sa catégorie.

IV.2.3. Pré-test adopté

Dans nos travaux, nous avons opté pour le pré-test par catégorisation parce qu'il nous paraît le plus convenable pour notre problématique pour deux raisons :
- Le fait qu'il soit possible de regrouper les étudiants dans des catégories correspond à notre hypothèse de travail (malgré l'hétérogénéité il est souvent possible de trouver des apprenants ayant un même profil ou des profils proches).
- Ce genre de pré test minimise le nombre de questions (c'est ce que nous recherchons pour ne pas ennuyer l'apprenant).

IV.2.4. Différents types de questions dans les pré-tests

Dans les pré-tests qui initialisent le profil cognitif de l'apprenant, on peut utiliser différents types de questions :

IV.2.4.1 Les Questions à Choix Multiples (QCM)

Les QCM sont une méthode d'évaluation très répandue dans le domaine des EIAH. Il est en effet très simple, pour un enseignant, de rédiger un grand nombre de questions à choix multiples, puis de laisser le système en proposer un certain nombre à l'apprenant et corriger automatiquement ses réponses. Un grand nombre d'exercices différents de type QCM peuvent être imaginés, exercices dont le nombre total de réponses possibles pour une question donnée est dénombrable, que ce soient des questions avec une ou plusieurs réponses à choisir dans une liste, ou des exercices plus complexes du type «sélectionner les bons éléments sur le schéma ». Étant donné que toutes les réponses possibles sont déterminables *a priori*, une analyse automatique des réponses par le système est très aisée.

IV.2.4.2 Les Questions à Choix Multiples Etendus (QCME)

Les QCME se distinguent des QCM classiques par le fait qu'une mauvaise réponse de la part de l'apprenant peut entraîner une question supplémentaire. Ceci permet alors de préciser l'erreur qu'a effectuée l'apprenant et ainsi de mieux l'évaluer.

On remarque alors qu'un QCME
- est composé de plusieurs questions principales ordonnées.
- chaque question admet différentes réponses qui sont soit vraies, soit fausses.
- une réponse fausse peut induire une nouvelle question.

IV.2.4.3 Les questions ouvertes

Les questions ouvertes sont des questions où le nombre de réponses pouvant être données par l'apprenant est quasi infini : l'apprenant n'est plus obligé de choisir sa réponse parmi une liste d'items, ce qui lui permet de s'exprimer beaucoup plus librement, et limite le nombre de réponses qu'il donne au hasard. L'évaluation est donc potentiellement beaucoup plus riche. Les réponses attendues peuvent être un simple mot, une phrase complète, ou un dessin sur une figure géométrique par exemple. Ces questions sont en revanche plus difficiles à corriger automatiquement.

IV.2.4.4 Les cartes conceptuelles

Les cartes conceptuelles ont été initialement proposées par Novak et Gowin [Novak, 1984]. Ce sont des graphes sur lesquels sont représentés les concepts d'un domaine de connaissance donné, et les liens existant entre ces concepts. La figure suivante extraite de [Novak, 1984] est un exemple de carte conceptuelle.

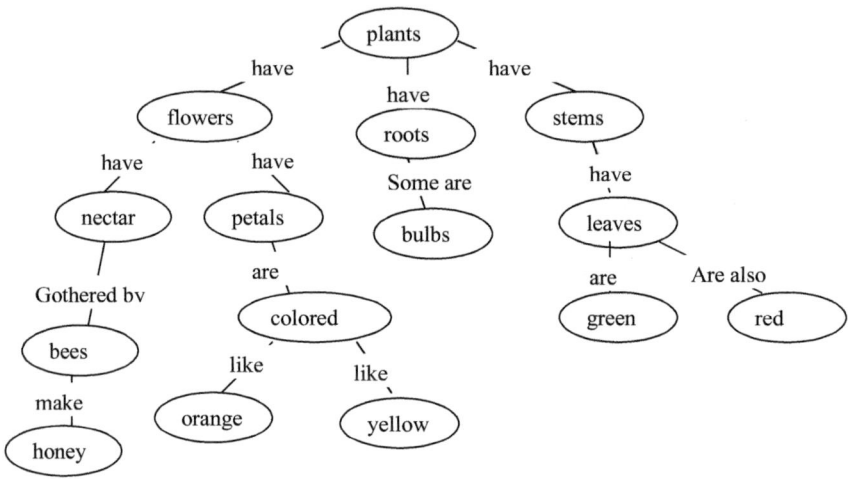

Figure 14 : Un exemple de carte conceptuelle

IV.2.4.5. Synthèse et choix

Pour conclure cette présentation, nous notons que les QCM en général, sont utilisées dans les évaluations des systèmes éducatifs mais elles englobent une grande part du hasard. En effet, dans leur conception classique, les QCM s'inscrivent dans le cadre d'une évaluation sommative globale. Ce type d'évaluation ne s'intéresse pas aux processus cognitifs de l'apprenant et ne permet donc pas un diagnostic fin des compétences et connaissances de celui-ci. Par contre les questions ouvertes permettent une meilleure appréciation et évaluation des connaissances de l'apprenant d'où notre choix pour ce type de questionnaire.

IV.2.5 Problématique posée par les questions ouvertes

Cependant et malgré l'avantage que nous venons de citer ci-dessus, l'utilisation des questions ouvertes reste rare dans les systèmes éducatifs. Cette rareté est due au problème de l'analyse automatique de la réponse, fournie par l'apprenant, à une question ouverte.

En effet, La compréhension d'un texte est un processus qui s'appuie sur une représentation initiale des connaissances du sujet en produisant une nouvelle représentation. Divers formalismes de représentation ont été proposés pour en rendre compte, notamment de type propositionnel [Kintsch, 1978] ou schématique [Schank, 1977]. Certains de ces modèles ont donné lieu à des simulations informatiques.

Se pose alors le problème de la représentation des connaissances initiales : comment décrire dans une machine les connaissances supposées d'un sujet humain de sorte qu'une simulation de la compréhension soit possible ? Face à ce problème, la plupart des solutions sont partielles et consistent à ne représenter qu'un très petit ensemble des connaissances initiales, adapté au texte traité.

IV.2.6. Solution proposée

Une partie de ces limites a trouvé récemment une base théorique forte avec l'Analyse Sémantique Latente (LSA) [Landauer, 1997]. LSA permet de représenter sur une vaste échelle des connaissances correspondant approximativement à celles de sujets humains. Celles-ci sont représentées sous la forme de vecteurs de très grandes dimensions correspondant chacun à un mot ou à un ensemble de mots. Les sections suivantes de ce chapitre sont consacrées à la description de ce modèle.

IV.2.7 Analyse de la sémantique latente

IV.2.7.1 Présentation de LSA

LSA est un modèle statistique basé sur l'analyse factorielle, qui permet d'extraire automatiquement des proximités sémantiques entre mots, à partir d'une réduction d'une matrice d'occurrences dans un espace de très grande dimension [Lemaire, 2001].

LSA, suppose que, étant donné plusieurs contextes (phrases, paragraphes, discours, etc), il existe une structure latente dans l'utilisation des mots communs à ces contextes et qu'une analyse statistique permet de mettre en évidence cette structure. Le modèle LSA pose que la similarité de deux mots est liée à la façon dont ces éléments sont co-occurrents dans les différents contextes [Dessus, 2000]. En effet, des mots qui apparaissent dans des contextes similaires peuvent être considérés comme étant proches sur le plan sémantique. Par exemple, le mot "Vélo" apparaît dans les contextes des mots comme "Pédaler", "Randonnée", "guidon", etc. Le mot "Bicyclette" apparaît statiquement dans des contextes similaires [Lemaire, 2001]. Ces deux mots vont donc être sémantiquement proches. Ainsi la probabilité que deux mots se retrouvent dans le même contexte ou dans deux contextes différents dans lesquels apparaissent des mêmes mots, est donc liée à leur proximité sémantique.

IV.2.7.2 Etapes de mise en œuvre de LSA

LSA comprend quatre étapes:

a) Un large corpus de texte est représenté sous forme de matrice [ij], chaque ligne représente un mot et chaque colonne un paragraphe. Une cellule contient la fréquence d'apparition de ce mot dans le paragraphe correspondant. Les mots outils tels les articles et les pronoms ne sont pas représentés. Par exemple, si le corpus est composé de 300 paragraphes contenant au total 2000 mots différents, nous obtiendrons une matrice 300 * 2000. Chaque mot est alors représenté par un vecteur à 300 dimensions et chaque paragraphe par un vecteur à 2000 dimensions. Ce sont ces vecteurs qui représentent le sens des mots.

b) Les cellules (la fréquence des mots : $freq_{ij}$) sont alors transformées par la formule suivante:

$$-\sum_{1-j}\left(\left(\frac{freq_{ij}}{\sum_{1-j}freq_{ij}}\right)*\log\left(\frac{freq_{ij}}{\sum_{1-j}freq_{ij}}\right)\right)$$

qui permet une mesure d'une première association du mot avec son contexte.

c) la matrice est ensuite sujette à une décomposition aux valeurs singulières:
[ij] = [ik] [kk] [jk]'
où [ik] et [jk] ont des colonnes orthogonales, [kk] est une matrice diagonale des valeurs singulières avec k <= max(i,j)

d) Finalement, toutes les cellules sont mises à zéro sauf les *d* valeurs singulières les plus élevées. Le choix de *d* est très important, par expérience, il doit se situer entre 100 et 300 afin d'obtenir les meilleurs résultats dans le domaine des langues [Landauer, 1997]. Ainsi, chaque mot et chaque paragraphe sont représentés par un vecteur de *d* dimensions.

Cette réduction est au cœur de la méthode car elle extrait les relations sémantiques. Les similarités entre mots ou paragraphes sont calculées à partir des cosinus entre les vecteurs les représentant. Une mesure de similarité sémantique a une valeur comprise entre -1 et 1. Cette méthode est très puissante: un mot peut être considéré comme proche sémantiquement d'un autre mot sans jamais apparaître dans le même contexte. De la même façon deux documents peuvent être proches sans avoir aucun mot en commun. Une intéressante fonctionnalité de cette méthode est que l'information sémantique ne provient que du niveau lexical. Il n'est pas nécessaire de représenter la théorie du domaine par un réseau sémantique ou une formule logique.

IV.2.7.3 Quelques validations de LSA

De nombreux travaux ont été réalisés pour tester la validité de LSA. Dans ce qui suit, nous allons exposer quelques résultats:

i) Recherche d'informations: Dumais [Dumais, 1991] teste LSA avec de larges bases de données médicales. Les résultats montrent que les documents récupérés par LSA sont 20% plus pertinents que ceux récupérés par une traditionnelle requête par mots-clés.

ii) Acquisition de connaissances à partir de texte. Landauer et Dumais ont entraîné LSA avec une encyclopédie électronique de plus de 30000 articles, ils ont ensuite testé ses capacités de reconnaissance sémantique en lui faisant passer 80 items du TOEFL (Test of English as Foreign Language). Le score obtenu par LSA est semblable à celui qu'obtiennent des candidats provenant d'un pays non anglophone lors d'épreuves d'admission à une université américaine.

iii) Evaluation de copies: il est demandé aux sujets d'écrire une synthèse à partir de textes d'un domaine donné. Les copies sont classées par des humains auxquels il est demandé de juger l'adéquation entre les copies et les textes. En parallèle, LSA s'entraîne avec les textes et classe les copies en fonction de la proximité entre ces dernières et chacun des textes. Les résultats de LSA sont comparables à ceux des humains ([Foltz 98] , [Lemaire, 2001])

En dépit d'une représentation moins riche que les autres méthodes d'extraction de connaissances, LSA possède l'avantage d'être :

- indépendante du domaine et complètement automatique
- validée expérimentalement sur de nombreux domaines.

IV.2.7.4 Conclusion

LSA est en effet bien plus qu'une méthode de traitement statistique de textes : elle permet de mesurer la connaissance d'un sujet sur un domaine à partir de l'analyse de ses textes, de manière comparable à des juges humains. C'est cette possibilité de représenter de la connaissance qui en fait un outil intéressant pour notre propos. L'absence de tout recours à la syntaxe reste une caractéristique de LSA : le sens d'une phrase peut être analysé avec succès (en comparaison avec les performances des humains) sans que l'ordre de ses mots ne joue un rôle. C'est là un autre aspect intéressant de LSA que de s'affranchir de ce niveau syntaxique trop difficile à modéliser. [Zampa, 2001].

Après avoir choisi les méthodes que nous allons adoptées pour modéliser l'apprenant, notre deuxième souci est la réutilisation des expériences précédentes pour optimiser la génération du cours personnalisé. Les sections suivantes donneront des réponses à ce problème.

IV.3. L'approche CBR

IV.3.1. Problématique

Partant de notre hypothèse de travail et que nous rappelons :

Pourquoi ne pas profiter du fait que malgré l'hétérogénéité dans les groupes, il existe des apprenants qui ont le même profil ou des profils assez similaires (les mêmes pré-requis et les mêmes préférences) ?

Cette hypothèse s'adéquat parfaitement avec la principale hypothèse derrière l'approche du Raisonnement à Base de Cas (Case Based Reasoning : CBR)[5] :

Vous pouvez réutiliser la solution d'un problème similaire pour résoudre votre problème actuel [Wilke, 1998].

Cependant, et avant de justifier notre choix pour cette approche, nous allons d'abord, dans ce qui suit, la présenter.

---

[5] CBR : nous allons utiliser tout au long de la thèse cette abréviation mais nous trouvons aussi dans la bibliographie l'abréviation française RàPC (Le Raisonnement à Partir de Cas)

IV.3.2. Présentation de l'approche CBR

Le CBR est une approche de résolution de problèmes qui utilise des expériences passées pour résoudre de nouveaux problèmes [Leak, 1996]. L'ensemble des expériences forme une base de cas. Typiquement un cas contient au moins deux parties : une description de situation représentant un "problème" et une "solution" utilisée pour résoudre cette situation.

Les techniques CBR permettent de produire de nouvelles solutions en extrapolant sur les situations similaires au problème à résoudre. Les fondements du CBR proviennent de travaux en sciences cognitives menés par Roger Schank et son équipe de recherche durant les années 80 [RIE 89]. Plusieurs systèmes furent développés selon le modèle de schank.: par exemple les systèmes CYRUS [kolodner, 1983], CHEF [Hammond, 1986], CASEY [Koton, 1989] et JULIA [Hinrichs, 1992]. Toutefois, deux catégories principales de systèmes CBR ont émergé : les systèmes de résolution de problèmes et les systèmes interprétatifs. Les systèmes de résolution de problèmes ont pour but de construire des solutions pour des problèmes nouveaux par adaptation de solutions de cas antérieurs. Les systèmes interprétatifs se limitent à la remémoration et au rapprochement de cas à des fins d'évaluation ou de justification d'une nouvelle situation en la comparant aux cas déjà classés. Nous nous intéressons dans nos travaux au premier type de système.

Un système CBR est une combinaison de processus et de connaissances qui permettent de préserver et d'exploiter les expériences passées.

IV.3.3. Les processus d'un système CBR

Lorsqu'un nouveau problème se présente ce problème est décrit par un cas dit *cas cible* où seule la partie problème est connue. La méthodologie du CBR opère alors selon quatre phases séquentielles et cycliques appelés les 4 « REs »:

- ***La phase de remémoration (retrieve)*** *:* L'objectif est d'extraire de la base de cas des anciens cas dont la partie problème est similaire au problème à résoudre. Des mesures de similarités sont alors à définir sur les indices constituant la partie problème d'un cas. Les cas extraits de la base sont appelés les *cas sources*. Les cas sources sont alors passés à la phase d'adaptation.

- ***La phase de réutilisation (reuse)*** *:* L'objectif de cette phase est de proposer une solution au problème courant (le cas cible) en adaptant les solutions proposées par les cas sources. L'adaptation repose souvent sur l'utilisation de connaissances sur le domaine de l'application. A l'issue de cette phase, une ou plusieurs solutions seront proposées pour le cas cible.

- ***La phase de révision (revise)*** *:* L'objectif de cette phase est de réviser les solutions proposées par la phase précédente en fonction de certaines règles et/ou heuristiques, qui dépendent du domaine de l'application. La phase de révision peut être faite par des experts dans le domaine de l'application ou d'une manière automatique.

- ***La phase d'apprentissage (retain)*** : Cette phase a la charge d'enrichir l'expérience du système CBR en enrichissant la base de cas par les nouveaux problèmes résolus (cas cible auquel on a apporté une solution). En effet les cas résolus peuvent être ajoutés à la base de cas et être utilisés dans des cycles de raisonnement futurs. Cependant, avant d'ajouter ces cas, il faut juger la pertinence de cet ajout. Il faut éviter par exemple d'ajouter des cas redondants ce qui peut affecter les performances du système en termes de temps de traitement sans pour autant améliorer la qualité des solutions apportées. Plusieurs méthodes d'optimisation sont proposées. Par exemple, dans [Smyth, 1995], l'apport d'un cas dans la performance d'un système est défini en fonction de son adaptabilité. Dans d'autres systèmes, les cas présentant de grandes similarités sont fusionnés.

IV.3.4 Les connaissances dans un système CBR

Les différentes connaissances utilisées par un système CBR sont regroupées en quatre catégories ("knowledge containers") :

- **vocabulaire d'indexation** : un ensemble d'attributs ou de traits ("features") qui caractérisent la description de problèmes et de solutions du domaine. Ces attributs sont utilisés pour construire la base de cas et jouent un rôle important lors de la phase de recherche.
- **base de cas** : l'ensemble des expériences structurées qui seront exploitées par les phases de recherche, d'adaptation et de maintenance.
- **mesures de similarité** : des fonctions pour évaluer la similarité entre deux ou plusieurs cas. Ces mesures sont définies en fonction des traits et sont utilisées pour la recherche dans la base de cas.
- **connaissances d'adaptation** : des heuristiques du domaine, habituellement sous forme de règles, permettant de modifier les solutions et d'évaluer leur applicabilité à de nouvelles situations.

IV.3.5. Synthèse

Pour conclure notre présentation, nous regroupons le cycle du raisonnement à base de cas dans la figure suivante :

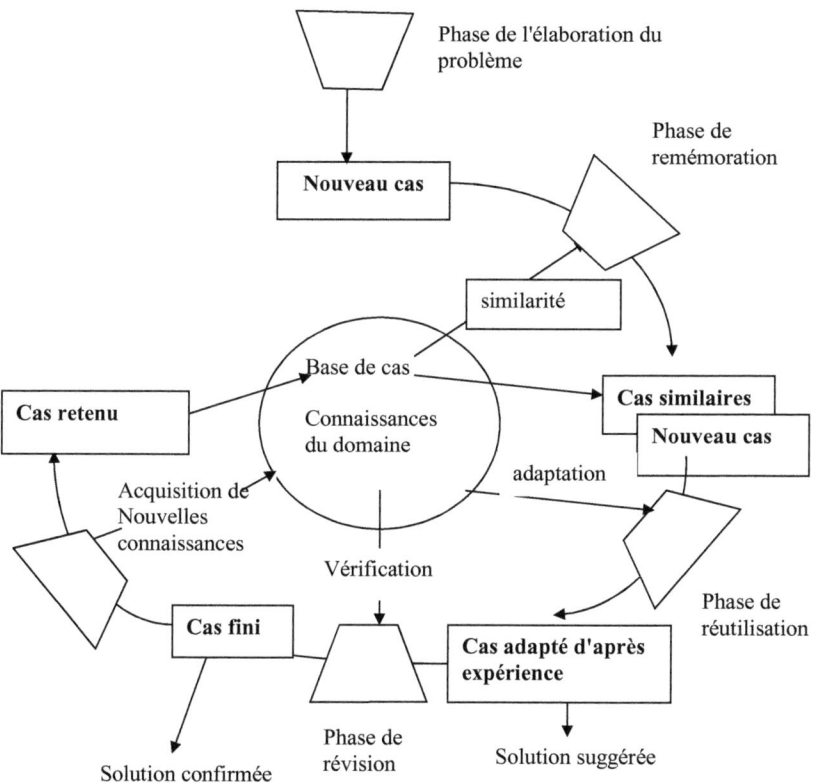

Figure 15 : Le cycle du raisonnement à base de cas

IV.3.6. Justification du choix de l'approche CBR

Après cette présentation de l'approche CBR, nous allons maintenant justifier notre choix : En effet, nous avons opté pour l'approche CBR parce qu'elle offre de nombreux avantages. D'un côté, la capitalisation des connaissances sous forme de cas est plus immédiate que le fait d'utiliser d'autres formes de modélisation telles que les règles ou les contraintes [Kolodner, 2000]. En effet, dans notre système, le cas est automatiquement et facilement construit (voir chapitre 5).

D'un autre côté, pour certaines applications, telles que les applications de planification, de diagnostique ou de conception (ce qui est notre cas), l'approche CBR est plus simple à mettre en oeuvre que les approches basées sur un modèle du domaine (e.g. base de règles); elle permet d'éviter les problèmes d'acquisition de connaissance ("knowledge bottleneck") qui rendent difficile la conception de bases de connaissances de taille importante.

Et pour finir, nous pouvons aussi étayer notre choix pour le raisonnement à base de cas par le fait qu'il s'adéquat parfaitement avec notre hypothèse de travail.

V. CONCLUSION

Dans ce chapitre, nous avons défini dans un premier temps nos objectifs et nos hypothèses de travail. Ensuite nous avons présenté les approches que nous avons adoptées pour atteindre nos objectifs.

Nous pouvons, donc, dire que notre proposition s'inscrit dans une évolution qui semble inéluctable des hypermédias pour l'enseignement. Ainsi, on est passé des cours en ligne formant une seule et même entité tels que les sites Web, à des systèmes permettant de construire des cours multimédia en ligne à l'aide d'agencement d'items didactiques comme par exemple le projet ARIADNE, passant par des systèmes qui permettent de construire dynamiquement et automatiquement le cours tel que METADYNE pour arriver à des systèmes de construction dynamique de cours basé sur une réutilisation des structures déjà proposées tel que le système PERSO que nous proposons dans cette thèse.

Dans ce qui suit, nous allons détailler notre modèle conceptuel et notre approche générale pour la conception d'un hypermédia adaptatif pour l'enseignement.

Tout d'abord, nous allons nous intéresser à la modélisation des différentes connaissances utilisées par cet hypermédia (chapitre IV). Ensuite, et dans le cinquième chapitre, nous détaillerons le processus de génération d'un cours personnalisé.

CHAPITRE IV
LA MODELISATION DES CONNAISSANCES

CH4 : La modélisation des connaissances

I. INTRODUCTION

Suite aux objectifs que nous nous sommes fixés dans le chapitre précédent, nous allons maintenant donner notre approche de la modélisation des différentes connaissances indispensables à la construction automatique d'un cours personnalisé.

Nous rappelons d'abord que notre système s'adresse à deux catégories d'utilisateurs : les enseignants (les auteurs des ressources) et les apprenants. Bien évidemment, les fonctions proposées diffèrent selon la catégorie de l'utilisateur :

- Pour les enseignants : ajout d'une ressource, recherche d'une ressource, composition d'une ressource à partir de ressources existantes…

- Pour les apprenants : un mode cours lui est proposé. Ainsi, l'apprenant choisit un cours qui lui est ensuite "adapté" en fonction de ses pré-requis et de ses préférences.

Pour réaliser ces fonctions, le système s'appuie sur cinq parties : le modèle du domaine, le modèle de l'apprenant, le modèle des ressources, le module CBR et le générateur de cours.

Ce chapitre est, donc, consacré aux trois premiers modèles. Dans ce chapitre et après une brève présentation de la notion de cours, nous allons commencer par analyser les différentes connaissances liées aux enseignants, c'est-à-dire le modèle du domaine. Puis, nous nous intéressons aux connaissances sur l'apprenant c'est-à-dire le modèle de l'apprenant. Ensuite, nous abordons les caractéristiques des objets pédagogiques (Learning Objects) c'est-à-dire le modèle des ressources.

CH4 : La modélisation des connaissances

II. LE MODELE DU DOMAINE

II.1 Description

Nous avons vu précédemment dans ce mémoire que le modèle du domaine est la composante d'un système d'enseignement qui structure les éléments pédagogiques, auxquels l'utilisateur peut accéder, et les relations entre ces éléments. Il permet de connaître ce qui va être enseigné à l'apprenant. Ce modèle est défini par l'enseignant. Ce dernier est donc, en charge de définir la structure générale d'un cours. Il va, dans un premier temps, identifier les notions qui seront introduites dans le cours en les reliant par différentes relations. Puis, il va déterminer les différents objets d'apprentissage qui vont permettre d'introduire ces différentes notions.

Cette distinction entre le fond (les notions et leurs relations) et la forme (les objets d'apprentissage eux mêmes) augmente les capacités de personnalisation du système et rend la génération du cours dynamique.

Cependant, un cours n'est jamais une entité isolée. Il s'inscrit toujours dans une démarche pédagogique précise, spécifiée généralement par l'enseignant. Cette démarche s'inscrit dans un cursus complet et elle est rattachée à un champ d'enseignement appelé communément *Matière*. Ces champs d'enseignement sont organisés hiérarchiquement, sous forme d'arbre, c'est-à-dire qu'un champ peut être un sous ensemble d'un champ père (on parle alors de sur-champ) et peut lui même être décomposé en plusieurs champs (on parle alors de sous-champs) : la classification de Dewey [Dewey, édition 1994] en est un bon exemple.

De plus, cette démarche pédagogique définit aussi la structure interne de ce cours. Là encore, c'est l'enseignant qui détermine cette structure.

Ainsi, on peut appréhender l'organisation d'un cours suivant deux points de vue. D'abord, l'aspect macroscopique qui définit les relations pouvant exister entre les cours. Ensuite, l'aspect microscopique qui définit les relations pouvant exister entre les notions dans un même cours. C'est à l'aspect microscopique que nous allons nous intéresser dans cette thèse sans que cela n'empêche que notre démarche soit applicable à l'aspect macroscopique.

II. 2. Représentation du modèle du domaine

II.2.1. Introduction

Le modèle du domaine est composé d'un ensemble de notions et de relations reliant ces notions. Ainsi, si on définit une notion comme étant une unité d'apprentissage, on peut déterminer de façon pragmatique, quatre types de relation :

- *« est composée de »*, indique que l'apprentissage d'une notion N s'effectue via l'apprentissage d'une succession de notions N_i.
- *« est équivalente à »* indique que les notions N et M sont équivalentes. Par conséquent, l'apprentissage de l'une peut dispenser l'apprentissage de l'autre.
- *« est pré-requise à »*, indique que l'apprentissage d'une notion M est assujetti à la maîtrise d'une notion N.
- *« est analogue à »*, indique que la maîtrise d'une notion N peut aider l'apprentissage d'une notion M.

II.2.2. Comment représenter un modèle du domaine ?

Les méthodes, issues des recherches en Intelligence Artificielle, qui permettent de représenter la connaissance, diffèrent suivant le type de connaissance. Ainsi et avant de déterminer le formalisme que l'on va utiliser, nous allons en présenter quelques uns.

II.2.2.1. Formalismes basés sur la logique

La logique fournit un formalisme très adapté au traitement des problèmes de représentation des connaissances. Elle offre un système formel bien défini avec un mécanisme de déduction et une sémantique bien étudiés.

Il existe plusieurs logiques telles que la logique des propositions, la logique du premier ordre, les logiques modales (classiques, épistémiques, déontiques, temporels...) et la logique floue.

Les deux premiers types de logique, appartenant à la logique classique, ne reconnaissent comme modalités que le vrai et le faux. Alors que la logique floue introduit des degrés dans la valeur de vérité d'une formule et les logiques modales introduisent des modalités telles que la possibilité ou la nécessité, mais aussi des modalités temporelles telles que le passé ou le futur... En 1972, la programmation logique est née d'une analogie entre les expressions du langage logique et les langages de programmation, donnant naissance au langage PROLOG.

II.2.2.2. Formalismes basés sur l'utilisation de graphes

L'utilisation des graphes en représentation des connaissances pour l'IA vient de l'idée de représenter graphiquement des concepts et leurs liens. Le premier outil proposé est le réseau sémantique introduit en 1968 par Quillian [Quillian, 1968]. En 1979, Hendrix [Hendrix, 1979] propose les réseaux sémantiques partitionnés. Ces réseaux offrent la possibilité de délimiter des sous-ensembles de noeuds et d'arcs appelés des espaces. En 1984, Sowa [Sowa, 1984] propose les Graphes Conceptuels. Sowa prétend que toute forme de représentation pourrait être écrite sous forme de graphe conceptuel (GC).

II.2.2.3. Formalismes basés sur l'utilisation des bases de règles

Ce formalisme est basé sur des règles de production et une base de fait. Les règles sont du type « Si C_1 et C_2 et....C_n alors A » où les C_i sont des conditions et A une action qui agit sur le contenu de la base de faits. Il existe différents formalismes utilisant les bases de règles : le formalisme propositionnel, le formalisme attributs-valeurs, le formalisme objets-attributs-valeurs...

II.2.2.4. Quel formalisme pour notre modèle ?

Les graphes ont une *représentation visuelle* naturelle facilement compréhensible par un utilisateur final (du moins tant que le graphe est de taille raisonnable); les raisonnements sont effectués *sur les graphes eux-mêmes*, ce qui permet le suivi graphique des inférences ; les phases de représentation des connaissances mais aussi la compréhension des inférences réalisées (et ainsi l'explication) sont facilitées.

Dans notre approche, le modèle du domaine représente le savoir des enseignants, qui va par la suite être utilisé pour construire des cours sans pour autant effectuer des inférences compliquées sur ce domaine. Par conséquent, nous avons opté pour le formalisme basé sur les graphes. Ainsi, notre modèle du domaine est représenté par un réseau sémantique où les nœuds sont les notions et les arcs sont les relations entre les notions (relations que nous avons définies plus haut).

Dans ce réseau sémantique, nous définissons, parmi les notions, trois points d'entrée pour le graphe. Chaque point d'entrée correspond à une catégorie (débutant, intermédiaire, avancé). Ils permettent ainsi d'avoir trois sous réseaux.

Un point d'entrée est la notion la plus avancée dans une catégorie. Ces points d'entrée vont servir à minimiser le nombre de questions dans le questionnaire à soumettre à l'apprenant.

La figure suivante schématise ces trois points d'entrée.

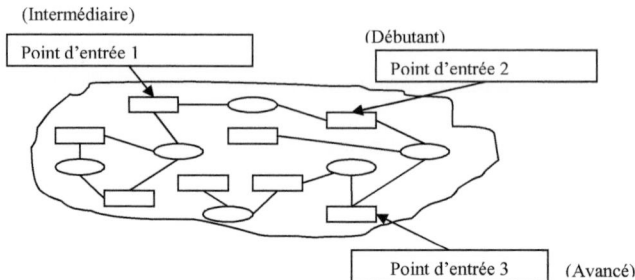

Figure 16. Les points d'entrée du réseau sémantique des notions

Cependant, pour qu'un système puisse s'adapter à l'apprenant, il doit disposer de connaissances sur ce dernier. Autrement dit il doit disposer d'un modèle de l'apprenant. Donc, Outre le modèle du domaine, une bonne représentation du modèle de l'apprenant est indispensable dans un système de personnalisation.

Nous allons donc, dans ce qui suit, définir l'ensemble des connaissances caractérisant le modèle de l'apprenant.

III. LE MODELE DE L'APPRENANT

III.1. Description

Les recherches sur le modèle de l'utilisateur (d'une façon générale) représentent un domaine complet de l'Intelligence Artificielle.

Sachant que notre objectif n'est pas d'innover en la matière, nous avons recherché un modèle qui correspond au mieux aux résultats que nous voulons atteindre avec notre système. Ainsi nous avons choisi d'utiliser un modèle proche de ceux décrits dans [Balacheff, 1992], composé de deux composantes : une première composante que nous avons nommée *le modèle cognitif* (appelé aussi dans la littérature *le modèle épistémique*) et une deuxième composante que nous nommons *les préférences* (qui peut être une composante d'un sous-modèle nommé *le modèle comportemental*).

Comme nous l'avons fait pour le modèle du domaine, nous allons définir les connaissances caractérisant le modèle de l'apprenant et le mode de représentation des connaissances adopté pour notre système.

III.2. Composantes de notre modèle de l'apprenant

III.2.1. Le modèle cognitif

Le modèle cognitif est la composante qui permet au système de connaître ce que l'apprenant est supposé savoir ou ne pas savoir. Sachant que cette connaissance est en rapport avec la connaissance représentée dans le modèle du domaine, le modèle cognitif peut être considéré comme un dérivé du modèle du domaine. Ainsi, chaque concept du modèle du domaine est associé au modèle cognitif de l'apprenant par une relation pondérée. Jusqu'à présent, les systèmes d'enseignement utilisent trois types de pondération [Brusilovsky, 1996a] :
- Elle peut être binaire : l'apprenant connaît ou ne connaît pas le concept.
- Discrète : en définissant des catégories d'apprenant (par exemple novice, moyen ou expert).
- continue : les valeurs appartiennent à un intervalle.

Ce sont ces deux dernières techniques (discrète et continue) que nous utiliserons car elles sont les plus appropriées pour représenter la connaissance de l'apprenant dans notre système.

III.2.2. Les préférences

Les préférences vont permettre à l'apprenant de spécifier les types de médias préférés. Ainsi, il a la possibilité de définir un ordre de préférence pour ces types. Cette composante va avoir un impact sur l'organisation des pages qui seront présentées à l'apprenant et permettre une personnalisation au niveau de la forme.

III.3. Comment représenter notre modèle de l'apprenant ?

Bien évidemment, et comme nous l'avons mentionné pour le modèle du domaine, notre objectif est de choisir parmi celles qui existent une méthode qui soit facile à comprendre et à implémenter et surtout qui nous permet d'atteindre notre principal objectif à savoir la proposition d'un cours personnalisé à l'apprenant.

Ainsi, Pour représenter notre modèle cognitif nous avons choisi de combiner la méthode par recouvrement (chapitre II), qui est particulièrement bien adaptée aux savoirs (ce qui est notre cas) et la méthode par stéréotypes (chapitre II) qui classifie l'utilisateur dans des stéréotypes, ce qui correspond à l'une de nos hypothèses de travail.

De ce fait, le modèle cognitif est représenté par les notions du cours (dans chaque catégorie) avec pour chacune d'entre elles une valeur comprise entre 0 et 1 correspondant à la connaissance qu'a l'apprenant sur la notion associée.

III.4. Acquisition du modèle de l'apprenant

III.4.1. Introduction

Pour le premier contact de l'apprenant avec le système, le modèle de l'apprenant nécessite d'être initialisé. Ensuite, au fur et à mesure des autres contacts, ce modèle sera mis à jour d'une façon dynamique.

La phase d'initialisation est une phase très importante et dans laquelle l'acquisition des connaissances sur l'apprenant reste toujours très difficile et assez subjective.

Cette acquisition est souvent explicite via des questionnaires soit sous forme de QCM (ce qui est fréquemment le cas) ou sous forme de questions ouvertes.

Telle que nous l'avons mentionnée précédemment dans cette thèse, la forme de questionnaire pour lequel nous avons opté est un questionnaire par catégorisation à réponses ouvertes. Dans ce qui suit, nous allons décrire les étapes de ce questionnaire pour l'acquisition du modèle de l'apprenant, d'abord, pour l'acquisition des préférences, ensuite pour l'acquisition du profil cognitif.

III.4.2. Acquisition des préférences

Quand l'étudiant se connecte au système pour suivre pour la première fois un nouveau cours, il est soumis à un questionnaire dynamique par catégorisation afin d'initialiser le modèle de l'apprenant.

Ainsi, nous rappelons que nous avons défini trois catégories d'apprenant : débutant, intermédiaire et avancé (ce qui n'empêche pas d'augmenter ce nombre de catégories suivant les préférences de l'enseignant. Ceci reste, donc paramétrable dans le système).

Les types de média que nous avons retenus et qui reviennent le plus souvent dans la littérature sont :
- texte/image : pour les médias qui sont composés de texte, de tableaux, d'images fixes, de graphiques, de schémas ou d'histogrammes.
- Vidéo : pour les médias qui sont composés de film (avec ou sans son).
- son : pour les médias audio.
- simulation/illustration : pour les médias qui sont composés d'images animées, de simulation ou d'illustration.

Notons que chaque notion du cours est stockée (dans la limite du possible) sous ces différents formats. L'apprenant exprime ses préférences en classant par ordre de préférence les types de présentation de 1 à 4. Le classement des types de média définit un ordre d'importance entre les différentes catégories de média (texte/image, vidéo, son, illustration/animation)

Exemple :Texte/image :3, vidéo :1, illustration/animation :2 , son :4

III.4.3. Acquisition du modèle cognitif

III.4.3.1. Le pré-test

Pour déterminer le profil cognitif de l'apprenant, le système procède en deux étapes:
- La première étape concerne la détermination de la catégorie de l'apprenant.
- La deuxième étape concerne les pré-requis de l'apprenant dans sa catégorie.

Pour la détermination de la catégorie, le système aura à poser une ou deux questions (si bien sûr, le nombre de catégorie est de 3). D'une façon générale, le système posera au maximum N-1 questions pour déterminer la catégorie avec N correspondant au nombre de catégories).

Ces questions préliminaires portent sur les points d'entrée du réseau sémantique représentant le modèle du domaine (défini plus haut).

Une fois la catégorie déterminée, le système continue à poser des questions à l'apprenant dans sa catégorie.

Pour répondre aux questions, le système donne à l'étudiant deux possibilités:
- Il ne sait pas répondre et dans ce cas il suffit de cocher une case.
- Il sait répondre et dans ce cas, il saisit sa réponse au clavier.

Cette réponse sera analysée automatiquement par les programmes de LSA que nous avons décrits en détail dans le chapitre III.

III.4.3.2 Les étapes de l'analyse sémantique

III.4.3.2.1. Choix du corpus

D'abord, le corpus utilisé avec LSA joue le rôle de connaissances préalables. Il est donc important de le construire précautionneusement afin qu'il représente au mieux les connaissances réelles de la population étudiée. Deux critères doivent être pris en compte dans le choix d'un corpus : la quantité et le contenu des données. En effet, le corpus doit être d'une grande taille pour qu'il soit le plus représentatif possible des connaissances du domaine. A titre d'illustration, pour le cours de bureautique que nous avons utilisé (pour tester notre prototype), le corpus sur lequel nous avons travaillé est composé de plusieurs cours et de livres d'informatique.

Dans le cadre de cette thèse nous n'allons pas rentrer dans les détails techniques de la transformation du corpus jusqu'à l'obtention d'un espace vectoriel multidimensionnel nommé *l'espace sémantique*. Néanmoins, nous pouvons dire que toutes les étapes sont entièrement automatisées.

III.4.3.2.2. Génération des vecteurs réponses

Pour générer le vecteur réponse, LSA procède comme suit :

Etape A : Préparation de l'espace sémantique (cette étape se fait une seule fois pour le même corpus):

- A partir d'un corpus, le système obtient une matrice lexicale de dimension deux où les lignes correspondent aux mots et les colonnes correspondent aux paragraphes (ou documents). La valeur d'une cellule ij correspond à la fréquence du mot i dans le paragraphe j.

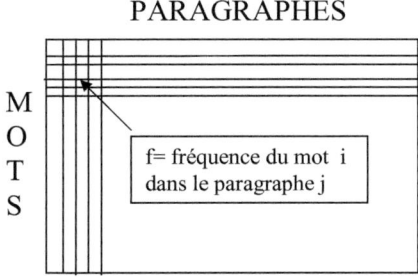

- Transformation des fréquences afin de privilégier les termes les plus informatifs en appliquant la formule suivante :

$$\frac{\log(freq_{ij}+1)}{-\sum_{1-j}\left(\left(\frac{freq_{ij}}{\sum_{1-j}freq_{ij}}\right)*\log\left(\frac{freq_{ij}}{\sum_{1-j}freq_{ij}}\right)\right)}$$

Où le numérateur correspond à une pondération locale réduisant l'impact des mots très fréquents dans un paragraphe. Le dénominateur est une pondération globale qui réduit l'impact des mots peu informatifs (ceux qui apparaissent avec une fréquence constante dans les paragraphes).

- Obtention de l'espace sémantique

- Décomposition en valeurs singulières telle que représentée ci-dessous où *Ma* est la matrice lexicale de départ, *M* est la matrice pondérée, la matrice carrée du milieu est la matrice diagonale (comportant les valeurs singulières de *Ma* et qui sont les valeurs propres du produit de la transposée de *Ma* par *Ma*) et *P* une matrice de passage.

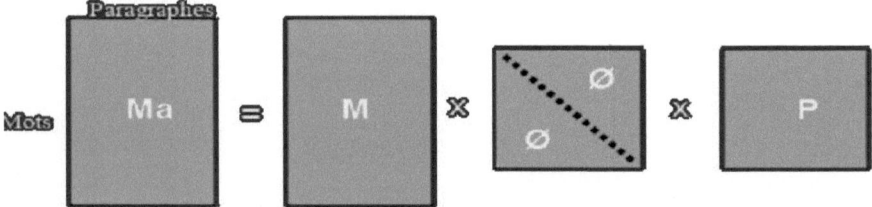

- Compression de l'information par la sélection des k dimensions orthogonales les plus importantes.

CH4 : La modélisation des connaissances

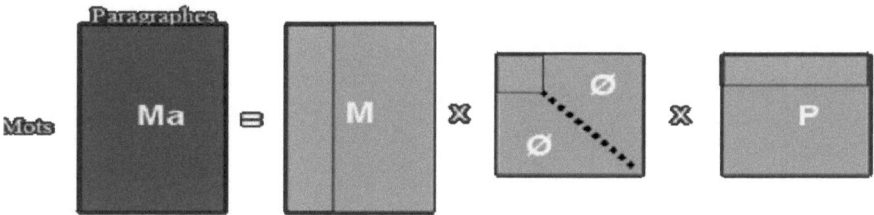

- Obtention de l'espace sémantique permettant d'obtenir les vecteurs qui représentent les mots

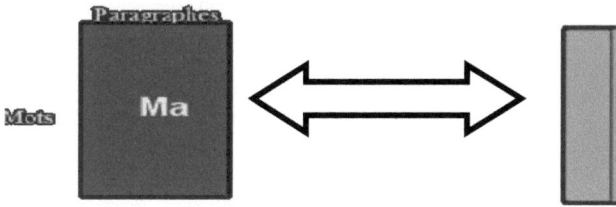

Etape B : Calculer la proximité sémantique entre deux réponses (cette étape est réalisée à chaque nouvelle réponse) comme suit :

- Le programme reçoit en entrée la réponse de l'apprenant et la réponse de l'enseignant (cette dernière est préalablement stockée dans le système). Il représente chaque réponse par un vecteur dans l'espace sémantique construit dans l'étape A. Le vecteur d'une expression est la somme des vecteurs des mots qui le composent.

- La proximité sémantique entre les deux réponses est donnée par le cosinus entre les deux vecteurs représentant les deux réponses.

Exemple

Soit S l'expression à représenter

S = Le disque de l'ordinateur a été détruit. Ci-dessous les vecteurs de chaque mot
disque =   (1 , 4, 5, -1, 0, 2, -2, 5, -6, 8, 11....... 8, 0, 0, -5, 7, 1)
ordinateur = (2, 4, 6, -1, 0, 3, -4, 8, -5, 8, 12....... 9, 0, 1, -9, 4, 1)
détruit =   (5, -3, 8, 6, 5, -2, 2, 0, -1, -3, 4....... 6, 1, 8, 7, 1, 2)
S =   (8, 5, 19, -4, 5, 3, -4, 13, -12, 13, 27....23, 1, 8, -7, 12, 4)

III.4.3.2.3 Analyse du résultat

La comparaison s'appuie donc sur cette valeur du cosinus. Nous avons fixé trois intervalles de valeurs :

- Si la proximité sémantique (ou le cosinus) ∈ [−1; 0.5[, alors la notion à propos de laquelle l'étudiant est questionnée est très peu ou pas du tout maîtrisée d'où la nécessité de l'inclure dans le cours.

- Si la proximité sémantique (ou le cosinus) ∈ [0.5; 0.7[, la notion est assez maîtrisée. Dans ce cas, le système donne le choix à l'apprenant s'il veut ou non l'inclure dans son cours.

- Si la proximité sémantique (ou le cosinus) ∈ [0.7; 1], la notion est parfaitement maîtrisée d'où l'inutilité de l'inclure dans le cours.

Remarquons que les limites des intervalles sont des variables et il est possible de les ajuster suivant les résultats fournis par le système.

Dans l'exemple suivant, nous retraçons l'étape de la détermination de la catégorie d'un apprenant (pour l'exemple du cours de bureautique).

Donnez les différentes instructions pour la copie d'un bloc?

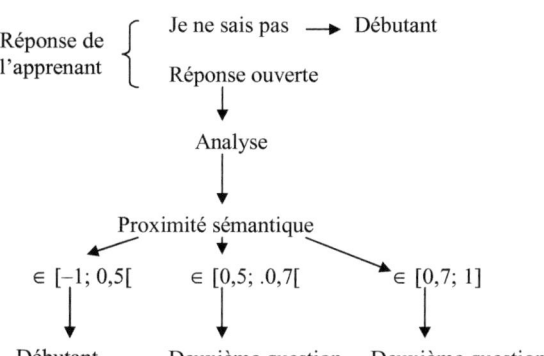

IV. LE MODELE DES RESSOURCES PEDAGOGIQUES

IV.1. Description

Pour augmenter les capacités de personnalisation du système et rendre la génération du cours dynamique, outre la modélisation de l'apprenant et du domaine, il faut s'intéresser, aussi, au modèle des ressources pédagogiques.

L'idée de la réutilisation des ressources pédagogiques n'est pas nouvelle. Depuis toujours, les enseignants reprennent des parties d'un cours d'un collègue ou un chapitre d'un livre dans la préparation de leur propres cours. De nos jours, l'esprit reste le même seulement la façon et les moyens ont changé. On ne réutilise plus que du texte ou à la limite des images mais plutôt des données multimédias numérisées. Se pose, cependant, le problème de la recherche efficace pour une réutilisation correcte. D'où les notions de métadonnées et d'objets pédagogiques. Dans les sections suivantes nous allons nous intéresser à ces deux notions.

IV.2. Les objets pédagogiques

IV.2.1. Qu'est ce qu'un objet pédagogique ?

Selon l'IEEE, un objet pédagogique ou objet d'apprentissage (*Learning Object*) est une entité sur support informatique ou non, qui peut être utilisée, réutilisée ou référencée dans une activité de formation assistée par ordinateur [IEEE, http]. Se posent alors des questions autour des modalités de la structuration des objets pédagogiques et de description de leur contenu (métadonnées). Les travaux sur la description de contenus ont donné lieu à la définition de schémas de métadonnées pédagogiques. Un standard international a alors émergé, LOM (*Learning Object Metadata*), proposant un modèle de description des métadonnées associées à des objets pédagogiques. LOM est défini comme étant « les attributs nécessaires pour décrire adéquatement les objets d'apprentissage » [IEEE, http].

IV.2.2 Qu'est ce que les métadonnées ?

Nous pouvons définir les métadonnées comme des « données relatives à des données ». Les métadonnées ont pour but de permettre la recherche, l'évaluation, la distribution, l'échange, la mutualisation et la réutilisation des ressources (interopérabilité) et leur conservation.

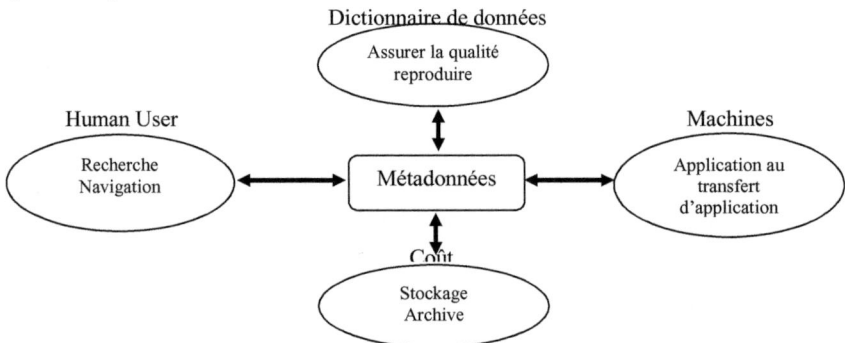

Figure 17 : Les différents aspects d'usage des métadonnées

La figure 17 tirée de [Sampson, 2004] montre les différents aspects d'usage des métadonnées.

Pour Tim Berners Lee [Berners-Lee, 2001], les métadonnées sont « des informations sur des ressources numériques compréhensibles par les êtres humains et traitables par des machines ». L'expression « traitable par une machine » est la clé. Il s'agit d'informations exploitables par des logiciels.

IV.2.3. La hiérarchie des balises de LOM

La figure suivante présente la carte conceptuelle montrant la hiérarchie des balises du LOM. Les champs à renseigner sont les éléments terminaux de la structure. La cardinalité est précisée lorsqu'elle est différente du défaut (0 ou 1).

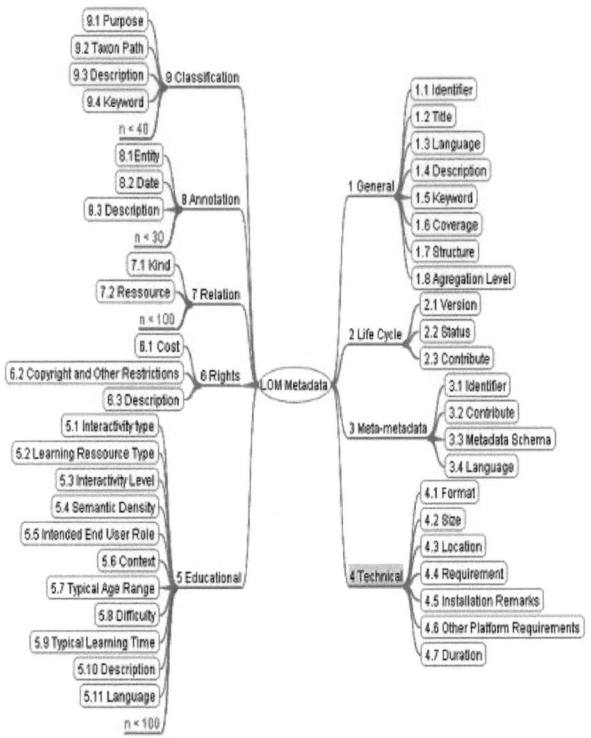

Figure 18 : Carte conceptuelle de la hiérarchie des balises du LOM

IV.2.4. Les profils d'application

Cependant, LOM ne convient pas forcément directement à tous les contextes d'utilisation. Il est, donc, illusoire de croire pouvoir imposer à tous les auteurs et à tous les concepteurs qui produisent des ressources d'apprentissage l'utilisation exhaustive et restrictive du standard LOM. Il est nécessaire de proposer un choix commenté d'informations à fournir impérativement (ou facultativement) de façon explicite (ou automatiquement). Il est aussi souvent nécessaire de rajouter des informations non prévues par le LOM. Ce choix est contraint par les usages de l'institution qui le définit.

Il est donc possible de définir des profils d'application du LOM. Un profil d'application étant une « personnalisation d'une norme pour répondre à des communautés particulières de réalisateurs ayant des exigences communes en matière d'applications » [Lynch, 1997].

De manière plus précise, un profil d'application est un « assemblage d'éléments de métadonnées choisis parmi un ou plusieurs schémas de métadonnées et combinés pour former un schéma composé ».

L'objectif d'un profil d'application est d'adapter ou de combiner des schémas existants afin d'obtenir un nouveau schéma conçu pour une application particulière tout en gardant l'interopérabilité avec le ou les schémas de base.

LOMFR est la norme expérimentale proposée par l'AFNOR en août 2005 et qui correspond au profil d'application français du LOM. Plusieurs institutions ont aussi mis en place des profils du LOM IEEE pour indexer leurs ressources avant que n'apparaisse LOMFR.

IV.2.5. Notre profil d'application

Dans notre approche, nous adoptons cette idée de personnalisation d'une norme et nous définissons notre propre profil d'application. Ainsi, en correspondance avec nos objectifs, pour qu'un objet pédagogique soit convenablement référencé, nous aurons besoin de garder un sous schéma du standard LOM. Ce sous schéma s'intéresse plutôt aux qualités physiques et didactiques d'un objet d'apprentissage. Il sera capable de répondre aux questions suivantes :

    1   Où se trouve l'objet pédagogique ?

    1. Quel est son aspect physique ?

2. Quel est le type de l'objet pédagogique ?
3. A quelle notion est-il associé ?

Groupe de métadonnées dans LOM	Noms des champs
General	Title, Location, Description, Language of the Resource, Author of the metadata, Date.
Technical information	Format, Size
Classification	LO type, Skill Type
Relation	Kind, ressource
Educational	Period, Duration, Target audience, Complementary Los

Tableau 5 : Les Métadonnées utilisées dans notre système

En réduisant le nombre de champs à invoquer, ce profil permet ainsi de proposer une approche simple et minimale tout en s'adaptant à nos besoins et aux objectifs que nous nous sommes fixés.

IV.2.6. Structuration des objets pédagogiques

Le modèle du domaine, tel que nous l'avons défini plus haut, représente l'ensemble des concepts et les différentes relations qui peuvent les relier. Nous avons proposé quatre types de relations entre concepts : « *est composé de* », « *est équivalent à* », « *est pré-requis à* » et « *est analogue à* ».

Les relations entre les concepts influencent l'adaptativité de l'hypermédia dans le sens où, par exemple, certaines ressources ne peuvent pas être intégrées à une page parce que leurs concepts ont des pré-requis qui ne sont pas assimilés par l'apprenant. Les liens de composition et d'analogie sont aussi très utiles. Nous pouvons, par exemple, décomposer un concept en concepts plus simples ou expliquer un concept par un autre équivalent.

A un concept on associe un ou plusieurs objets d'apprentissage de types différents. Dans notre système, nous avons considéré un seul niveau de granularité pour les objets d'apprentissage : le niveau 1 qui correspond au niveau élémentaire. Notons que LOM considère 4 niveaux de granularité :

    1 : Le plus petit niveau d'agrégation.

    2 : Collection d'objets de niveau 1, exemple une leçon.

    3 : Collection d'objet de niveau 2, exemple un cours.

    4 : Collection d'objet de niveau 3, exemple un cursus (peut aussi contenir d'autres objets de niveau 4).

Le niveau élémentaire que nous considérons dans notre système correspond à une unité d'information non décomposable. Nous avons fait ce choix parce que, d'un côté, la personnalisation que nous proposons concerne un cours et la considération d'une granularité élémentaire devient nécessaire. D'un autre côté, si le contenu est fragmenté en petites unités, ces unités seront plus partageables et donc plus réutilisables. Ce qui va augmenter et favoriser énormément l'adaptation aux apprenants.

IV.2.7. Nos objets pédagogiques

Tel que nous l'avons mentionné plus haut, pour qu'un objet pédagogique soit convenablement référencé dans notre système, il faut lui faire correspondre les caractéristiques suivantes : un type physique, un type cognitif, une notion et une position [figure 19].

Ainsi, pour le type cognitif on associe à chaque objet pédagogique un élément de la liste suivante :

    - **Introduction** : pour tout ce qui est présentation et introduction d'un concept

- **Définition** : pour tout ce qui se rapporte à une définition
- **Exemple** : sous forme d'exercice avec solution ou un exemple d'illustration de la notion
- **Simulation** : pour faire manipuler l'apprenant comme par exemple des travaux pratiques
- **Théorème** : tout ce qui se rapporte aux axiomes ou aux théorème-démonstration
- **Algorithme** : tout ce qui se rapporte à des étapes de fonctionnement ou à un enchaînement algorithmique
- **Rappel :** tout ce qui se rapporte aux rappels pour des pré-requis nécessaires à l'introduction de la notion
- **Récapitulatif** : tout ce qui se rapporte à un récapitulatif pour conclure la notion sous forme d'exercice, de quiz ou de QCM.

Cette liste est définie de façon pragmatique mais se veut la plus complète possible et ce par rapport à la littérature et aux différentes structures de cours que nous avons étudiés.

Tout comme pour le type cognitif, le type physique d'un objet pédagogique est identifié par un élément contenant les types de média utilisés (présentés dans la section III.4.2. de ce chapitre).

Pour la troisième caractéristique, la position, elle représente tout simplement l'adresse de l'objet pédagogique, c'est-à-dire son URL.

Enfin, un objet pédagogique peut être associé à différentes notions.

CH4 : La modélisation des connaissances

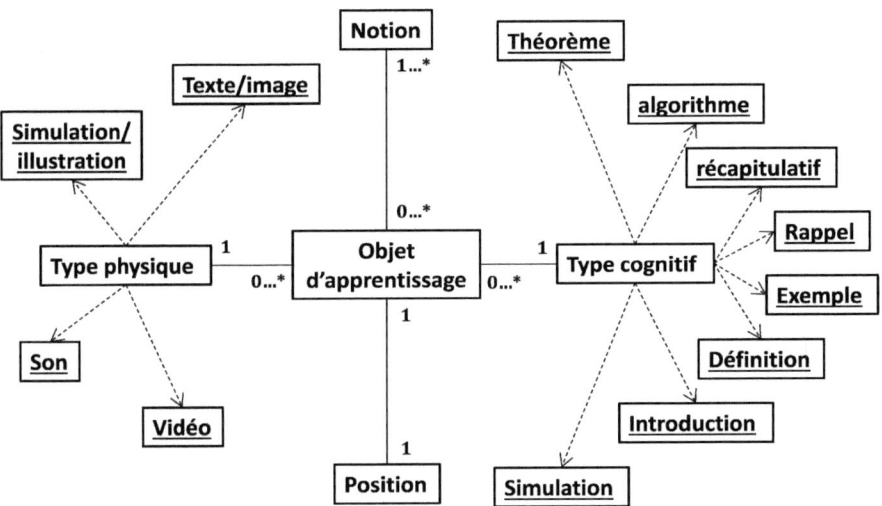

Figure 19 : Primitives de représentation d'un objet pédagogique

IV.3. Relations entre le modèle du domaine et les objets d'apprentissage

La connexion entre les objets d'apprentissage et le modèle du domaine est basée sur les métadonnées et particulièrement les catégories « classification et kind » du schéma LOM. Ces catégories décrivent comment un objet d'apprentissage élémentaire peut-il être intégrée dans un système de classification plus générale.

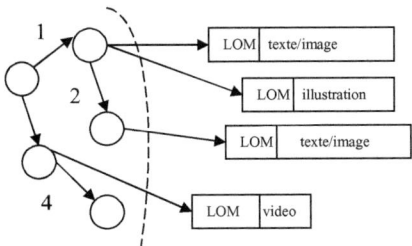

Figure 20 : Le modèle du domaine et le modèle des ressources

Cette connexion entre ces deux modèles nous permet ensuite de générer un cours final adapté à l'apprenant. Dans le modèle du domaine nous définissons, donc, les différentes relations possibles entre les notions (schématisés par des numéros dans la partie gauche de la figure 20). Dans le modèle des ressources, nous définissons les différents objets pédagogiques (sous les formats possibles) liés à une notion donnée (partie droite de la figure 20).

V. CONCLUSION

Le système que nous présentons dans cette thèse s'adresse à deux catégories d'utilisateurs : les enseignants (les auteurs des ressources) et les apprenants en proposant des fonctionnalités propres à chaque utilisateur. Pour réaliser ces fonctions, nous venons de voir dans ce chapitre que le système s'appuie sur trois modèles, à savoir le modèle de l'apprenant, le modèle du domaine et le modèle des ressources.

- Le modèle du domaine : il s'agit de décrire l'ensemble des concepts couverts pour un domaine de connaissance. Ces concepts sont décrits par un graphe où les nœuds sont des concepts et les arcs des relations sémantiques entre concepts. Ce graphe peut être vu comme une ontologie simple du domaine de connaissance.

- Le modèle de l'apprenant : nous décrivons un apprenant sous deux facettes. La première, que nous appelons ses préférences, décrit des informations sur le choix de ses préférences en terme de type de média et se modélise sous forme d'un ensemble de couples attribut-valeur. La deuxième, que nous avons appelée le modèle cognitif et qui décrit les connaissances de l'apprenant. Ce modèle est d'abord initialisé par ses pré-requis. Ensuite, il va évoluer de manière dynamique et automatique au fur et à mesure que l'apprenant va suivre des cours et donc acquérir de nouvelles connaissances. Il est modélisé sous forme d'un ensemble de couples notion-proximité sémantique.

- Le modèle des ressources : chaque ressource intégrée dans le système doit être décrite de manière complète pour que les auteurs puissent la retrouver en vue de la réutiliser.

Reste maintenant à expliquer comment exploiter ces différents modèles pour générer un cours personnalisé et adapté à l'apprenant. Le chapitre suivant va s'y intéresser en détaillant les deux composantes restantes de notre système à savoir le système CBR, et le générateur de cours.

CHAPITRE V

LE PROCESSUS DE GENERATION D'UN COURS PERSONNALISE

I. INTRODUCTION

Le but ultime de tout système d'enseignement adaptatif est de proposer des parcours personnalisés et adaptés à chaque apprenant. Notre approche de modélisation des connaissances (de l'apprenant, du domaine, des ressources pédagogiques) que nous avons détaillée dans le chapitre précédent œuvre dans le sens de ce but.

Cependant, la question à laquelle nous devons répondre maintenant est : Comment mettre en œuvre toutes ces connaissances pour générer automatiquement un cours personnalisé à chaque apprenant ? C'est ce dernier chapitre qui sera consacré à la réponse à cette question. D'abord et après un aperçu sur les modèles d'agrégation d'une façon générale et notre modèle en particulier, nous allons nous intéresser à la notion de réutilisation de parcours proposés qui constitue la principale fonction de notre système CBR et l'une des originalités de notre approche. En effet, habituellement, dans un système adaptatif, on détermine pour chaque apprenant un parcours personnalisé tout en reprenant à chaque fois tout le processus d'agrégation et de séquencement nécessaire. Néanmoins, il serait intéressant, de réutiliser, en cas de similarité de profils entre apprenants, un parcours déjà proposé au lieu d'en générer un nouveau. Le système CBR traite ainsi toutes les étapes de cette réutilisation. Ensuite nous détaillons les fonctionnalités du générateur de cours. Enfin, nous donnons quelques éléments d'implémentation du prototype.

II. LE CHOIX DU MODELE D'AGREGATION

II.1. Introduction

L'assemblage des objets pédagogiques est avec leur indexation un problème clé de leur réutilisation. Il est très difficile de construire un environnement d'apprentissage global à partir d'éléments disparates. D'où la nécessité de les intégrer, en se basant sur leurs propriétés, dans un "tout" qui donnera un sens à leur utilisation.

Cependant quelles sont les propriétés désirées d'un objet d'apprentissage inter opérable ?

D'après [Paquette, 2002], ils devraient être suffisamment complexes pour être autonomes et utiles mais aussi suffisamment simples pour être intégrés comme une partie d'un tout. Plusieurs métaphores ont été définies pour appuyer ce type de construction.

La métaphore du jeu de LEGO est courante mais un peu simpliste pour représenter la complexité de l'assemblage des objets pédagogiques. Mais, d'après G. Paquette et I. Rosca [Paquette, 2002] cette image ne tient pas compte des acteurs qui conçoivent et utilisent ses objets. Elle ne rend pas compte des aspects dynamiques et du cycle de vie des objets pédagogiques. C'est pourquoi, ils préfèrent la notion de corps vivants composés de cellules, structurés en organes.

II.2. Différents modèles d'agrégation des objets pédagogiques

On distingue plusieurs modèles d'agrégation des objets pédagogiques : agrégation par fusion ou juxtaposition, agrégation par composition et référencement, agrégation par contrôle et filtrage et agrégation par *scripting*. Dans ce qui suit nous allons donner un bref aperçu de chacun de ces modèles.

II.2.1. Agrégation par fusion ou juxtaposition

Dans ce modèle plusieurs ressources sont utilisées pour former un objet pédagogique unique. Des sections des documents (de divers types) sont combinées dans des documents de synthèse. Des sections des sources, des exécutables et des composantes informatisées sont utilisées pour produire une nouvelle application informatique. Les morceaux sont imbriqués sans modification (juxtaposition) ou bien avec modification (fusion) pour qu'ils participent à l'objet composé.

II.2.2. Agrégation par composition et référencement

Les composantes sont déposées telles quelles dans une collection, dans un regroupement qui a un sens. Le caractère unitaire de l'ensemble peut être le résultat d'une simple convention d'utilisation, mais en général il est matérialisé par des catalogues, menus, palettes etc., qui s'ajoutent aux composantes comme couche de surface de l'agrégat qui donne accès aux composantes.

II.2.3. Agrégation par contrôle et filtrage

L'agrégation comporte un objet A appelé maître (« master ») qui contrôle un ou plusieurs objets B appelés sujets (« slave »). Ceux-ci ne perdent pas leur intégrité mais sont « couverts » par A, qui agit comme un filtre interposé entre l'utilisateur et les composantes sujets « esclaves ».

II.2.4. Agrégation par scénarisation ou scripting

Ce modèle d'agrégation requiert des opérations de scripting de la part d'un agent humain. Un concepteur planifie une série d'opérations à l'aide d'un éditeur qui décrit l'ordonnancement en format texte, hypertexte ou graphique. Le document plan, généralement en format XML, sert d'intrant à un objet agrégateur qui implante le plan. Ce plan des opérations, le script, contiendra généralement des liens facilitant le lancement des objets composant l'agrégat.

II.2.5. Notre modèle d'agrégation

En pratique, aucun de ces modèles n'est utilisé tout seul, souvent on a recours à une combinaison de deux ou plusieurs modèles en même temps. C'est d'ailleurs ce que nous avons fait dans notre système.

Ainsi, nous avons combiné le modèle d'agrégation par juxtaposition ou fusion et le modèle d'agrégation par composition et référencement. Le premier modèle nous permet d'obtenir la notion (un ensemble d'objets d'apprentissage juxtaposés). Le deuxième nous permet d'obtenir une structure de cours sous la forme usuelle à savoir la structuration du contenu suivant une table des matières.

Cette table de matières est préalablement définie par le concepteur. Elle sera donnée pour la totalité du cours. Les parcours personnalisés à proposer aux apprenants ne sont donc que des instances de ce séquencement général où certains liens seront grisés ou inactivés (car ils correspondent à des notions maîtrisées par l'apprenant tout en donnant la possibilité d'activer un lien si l'apprenant trouve un besoin de revoir son contenu).

Le cours est construit en chapitres, les chapitres en notions et les notions seront matérialisées par des objets d'apprentissage suivant un canevas choisi à l'avance. Un canevas est un ensemble trié de types cognitifs qui va permettre au système de déterminer l'organisation de la présentation de chaque notion. Suivant les objectifs pédagogiques du cours, le concepteur définit le canevas de présentation d'une notion. C'est-à-dire qu'il définit séquentiellement les objets pédagogiques constituant chaque notion. Le canevas est, donc, déterminé par l'approche pédagogique du concepteur (par exemple une approche plutôt pragmatique ou théorique). Ainsi, plusieurs canevas correspondant à un même cours peuvent être proposés à l'apprenant. Ce dernier n'a qu'à sélectionner un canevas parmi ceux proposés par les concepteurs.

Un canevas peut comporter une partie ou la totalité des objets d'apprentissage. Les deux listes suivantes sont des exemples de canevas plausibles.

Canevas 1

    1. Rappel
    2. Introduction

3. Définition
4. Exemple
5. Récapitulatif

Canevas 2
1. Introduction
2. Algorithme
3. Simulation
4. Récapitulatif

La figure suivante présente un exemple d'agrégation d'un cours.

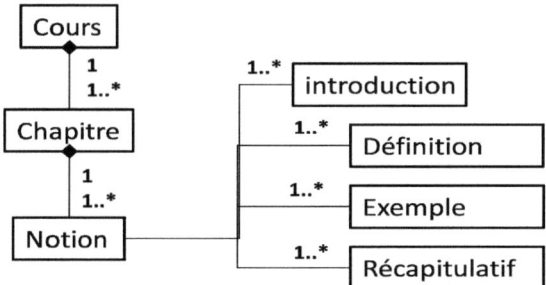

Figure 21 : Exemple d'agrégation d'un cours

II.3. La réutilisation des parcours proposés

Habituellement, dans un système adaptatif, on détermine pour chaque apprenant un parcours personnalisé tout en reprenant à chaque fois tout le processus d'agrégation et de séquencement nécessaire. Cependant, en considérant qu'il existe des apprenants qui ont le même profil ou des profils assez similaires (les mêmes pré-requis et les mêmes préférences) dans un même groupe, il serait intéressant, de réutiliser, en cas de similarité de profils entre apprenants, un parcours déjà proposé au lieu d'en générer un nouveau.

Cette idée va nous permettre d'augmenter la performance et l'uniformité du raisonnement dans notre système parce que nous reprenons la même approche: la réutilisation. En effet, notre système sera basé sur une réutilisation à deux niveaux :

- une réutilisation au niveau des objets pédagogiques
- une réutilisation au niveau des parcours pédagogiques

Cependant, la réutilisation des parcours pédagogiques va nous amener, comme nous l'avons fait pour la réutilisation des objets d'apprentissage, à répondre à plusieurs questions :

- Comment stocker un parcours déjà proposé ?
- Comment comparer deux profils ?
- Comment réutiliser un parcours déjà proposé ?

Les réponses à ces questions sont données par les étapes de l'approche du Raisonnement à Base de Cas ou Case Based Reasoning (CBR) que nous avons présentée dans le Chapitre III.

Rappelons que le CBR copie le comportement humain: Pour résoudre les problèmes de la vie quotidienne, nous faisons naturellement appel à notre expérience. Nous nous remémorons les situations semblables déjà rencontrées. Puis nous les comparons à la situation actuelle pour construire une nouvelle solution qui, à son tour, s'ajoutera à notre expérience.

Ainsi, Le CBR résout les problèmes en retrouvant des cas analogues dans sa base de connaissances et en les adaptant au cas considéré. Un système CBR comporte plusieurs étapes (chapitre III). De ces étapes se dégagent trois problèmes majeurs :

- La représentation des cas
- La recherche des cas
- L'adaptation des cas similaires

Ainsi, pour développer un système CBR, il est donc nécessaire de trouver une solution efficace à chacun de ces problèmes. La révision et l'apprentissage sont deux problèmes qui découlent des trois premiers.

Dans ce qui suit, nous allons donner nos réponses aux différents problèmes en décrivant le module système CBR dans PERSO.

III. LE MODULE CBR

III.1. Représentation d'un cas dans un système CBR

La représentation des cas prend une place importante dans la réalisation d'un système CBR. En effet cette représentation va déterminer l'efficacité et la rapidité de la recherche des cas dans la base. Il est donc nécessaire de choisir les informations à stocker dans chaque cas et de trouver sous quelle forme.

Un cas est décrit par de nombreuses caractéristiques représentant différents types d'informations:

- La description du problème
- La solution et les étapes qui y ont mené
- Le résultat de l'évaluation
- L'explication des échecs

Tous les CBR n'utilisent pas forcément chacun des types d'informations. Bien entendu, la description du problème et la solution apportée sont des éléments indispensables.

Certaines caractéristiques (les plus discriminantes) seront utilisées en tant qu'index lors de la recherche et l'ajout de cas. Les index doivent être suffisamment concrets et abstraits à la fois pour qu'ils concernent un maximum de cas et qu'ils soient réutilisables dans les raisonnements futurs. Ils doivent aussi permettre de déduire rapidement les cas.

Généralement on considère le cas comme une liste de couples attribut-valeur. Chaque couple correspondant à une caractéristique. Les attributs sont typés. La liste suivante donne des exemples de types :

- **Types classiques :** texte, entier, réel, booléen, date.
- **Type symbole :** il permet d'énumérer une liste de symboles qui seront stockés dans un arbre. La racine de l'arbre contiendra le symbole le plus général et les feuilles les symboles les plus spécifiques.
- **Type cas :** il permet de référencer des cas qui sont des sous parties du cas considéré.
- **Type formule :** la valeur de cet attribut est le résultat du calcul d'une formule.
- **Type liste :** ce type est une liste d'objets utilisant les types précédents.

III.2. Représentation de notre cas

Les deux éléments constituant notre cas sont le problème et la solution. Le problème correspond au profil cognitif de l'apprenant et la solution correspond au parcours proposé pour ce profil.

Cas = (problème , solution)

Le modèle que nous avons choisi est un modèle structurel [Lamontagne, 2002]. Dans ce modèle, toutes les caractéristiques importantes pour décrire un cas sont déterminées à l'avance. Ainsi, les cas sont complètement structurés et sont représentés par des paires <attribut, valeur>. D'un point de vue applicatif, un attribut représente une caractéristique importante du domaine d'application. Les échelles de valeurs les plus fréquemment utilisées pour structurer les attributs sont les entiers/réels, les booléens et les symboles.

CH5 : Le processus de génération d'un cours personnalisé

Dans PERSO et plus concrètement, l'attribut correspond à une notion du cours. La valeur correspond à la valeur sémantique que le système a attribué à l'apprenant pour cette notion lors du questionnaire du pré-requis.

Rappelons que quand un apprenant se connecte pour suivre un cours pour la première fois, il est soumis à un questionnaire calculant son profil. Ce questionnaire va, ainsi, permettre de construire aussi bien le modèle de l'apprenant que le problème d'un nouveau cas.

Notons que les concepts que nous allons retrouver dans le cas et dans le profil cognitif correspondent aux concepts sur lesquels l'apprenant sera questionné. Ce sont les concepts discriminants (ces concepts sont décidés par le concepteur du cours).

La structure générale du cas :

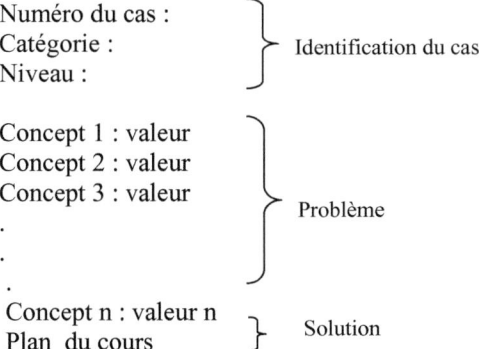

Où le numéro est un numéro séquentiel. La catégorie du cas correspond à l'une des catégories définies dans le modèle de l'apprenant. Le niveau correspond à une catégorisation au sein de la catégorie elle-même. C'est un numéro séquentiel paramétrable de 1 à n. Chaque niveau correspond au pourcentage de concepts maîtrisés dans une catégorie.

Le problème est une liste de couples (concept, valeur) où le concept correspond à l'un des concepts sur lesquels l'apprenant sera questionné et la valeur correspond à la proximité sémantique (entre la réponse de l'apprenant sur la question liée à ce concept et la réponse préenregistré dans le système). La liste des concepts est la même pour tous les cas. Par défaut, la valeur de la proximité sémantique de chaque concept est nulle. Elle ne sera modifiée que pour les concepts sur lesquels l'apprenant sera questionné.

Le plan du cours correspond à l'agrégation des concepts à proposer à l'apprenant sous forme de plan :

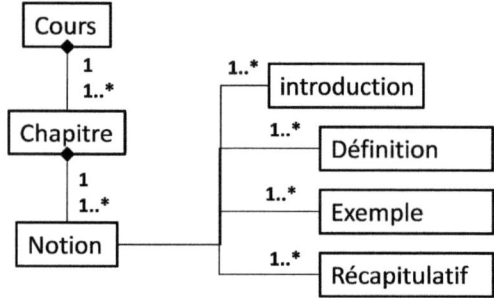

III.3. Structure de notre base de cas

Dans tout système CBR, il faut penser, à côté du problème d'indexation des cas, à une structure d'organisation de la base.

Un système CBR n'étant intéressant qu'avec une base importante de cas, il faut donc envisager une solution permettant de retrouver rapidement les cas similaires. D'où l'importance d'une bonne indexation et une bonne organisation de la base.

Dans PERSO, nous avons opté pour une organisation de la base par catégorie. C'est-à-dire que la base de cas est composée de trois sous bases correspondant aux trois catégories d'apprenants que nous avons précédemment définies à savoir : débutant, intermédiaire et avancé.

De même, nous définissons des niveaux dans chaque catégorie. Ces niveaux sont calculés par le système en fonction des notions que l'apprenant maîtrise dans la catégorie.

- Niveau 1 : de 0 % à 30% de concepts maîtrisés
- Niveau 2 : de 31 % à 60% de concepts maîtrisés
- Niveau 3 : de 61 % à 100% de concepts maîtrisés.

Le système décide qu'une notion est maîtrisée ou non en fonction de la valeur de la proximité sémantique correspondant à la notion (c'est-à-dire sa proximité sémantique avec la réponse exacte lors du questionnaire est supérieure ou égale à 0.7).

Nous rappelons que le système est paramétrable et donne la possibilité au concepteur de modifier le nombre de catégories et de niveaux ainsi que les bornes de chaque niveau.

Cette nouvelle catégorisation (par niveau) permet encore de décomposer la base de cas et de minimiser ainsi le temps de recherche des cas similaires. D'une façon générale, le critère de formation de classes (catégorie ou niveau) consiste, de manière plus ou moins directe, à maximiser la mesure de similarité intra-classes et à minimiser la mesure de similarité inter-classes. [Bisson, 1994].

La figure suivante schématise la structuration de la base de cas :

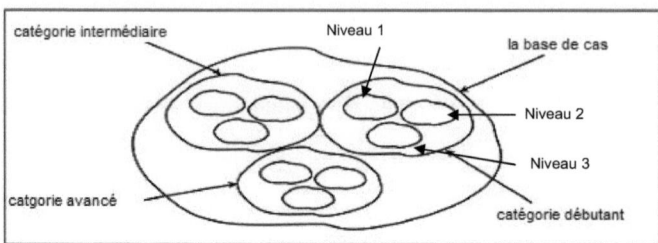

Figure 22: la structuration de la base de cas

Les cas de la base de cas sont souvent appelés *cas-source* et le problème courant des *cas-cible*. Ces derniers sont des cas dont la partie solution est inconnue.

III.4. La recherche de similarité

Principe

Une fois le cas cible est élaboré, Une opération de recherche est lancée dans la base de cas pour retrouver des cas dont la partie problème est similaire à la partie problème du cas cible.

Les fonctions de recherche de similarité diffèrent suivant le type du système CBR et la structure du cas. Dans un système structurel, tel que PERSO, La procédure de recherche est habituellement implantée par une sélection des plus proches voisins ("k-nearestneighbors").

$$Similarité\ (N,S) = \sum f(N_i, S_i) \times w_i$$

Où : N est le cas cible
S est le cas source
n est le nombre d'attribut dans un cas
i est un attribut de 1 à n
f une fonction de similarité des attributs i de N et de S
w le poids attribué à chaque attribut i

Les fonctions de similarité se basent toutes sur la notion de distance. De nombreuses distances sont proposées telles que le 2 (chi 2) ou Mahalanobis, les plus connues et les plus utilisées étant sans contestation la distance euclidienne. Par conséquent, nous avons utilisé la distance euclidienne dans l'algorithme du plus proche voisin ce qui donne :

$$Similarité\ (N,S) = \sqrt{\sum_{i=1}^{n}(N_i - S_i)^2}$$

Remarquons que tous les attributs ont un même poids égal à 1. Les N_i et les S_i correspondent aux attributs discriminants dans les cas « source et cible ».

Nous considérons que deux cas sont similaires si leur similarité est inférieure à un certain seuil décidé par le concepteur. Ce qui nous ramène à appliquer les règles suivantes :

- Si similarité = 0, cas identiques, utiliser la solution du cas similaire.
- Si similarité <= seuil, cas similaires, adapter la solution du cas similaire.
- Si similarité > seuil, inexistence de cas similaires, construire une solution.

Etapes

Pour déterminer les cas similaires le système procède comme suit :

1) Avant d'appliquer la fonction de similarité, le système sélectionne d'abord les cas avec lesquels il va appliquer cette fonction. Pour réaliser cette étape, le système applique deux filtres successifs sur la base de cas :

- Le premier filtre sélectionne les cas de la même catégorie que le nouveau cas.
- Le deuxième filtre sélectionne les cas du même niveau que le nouveau cas.

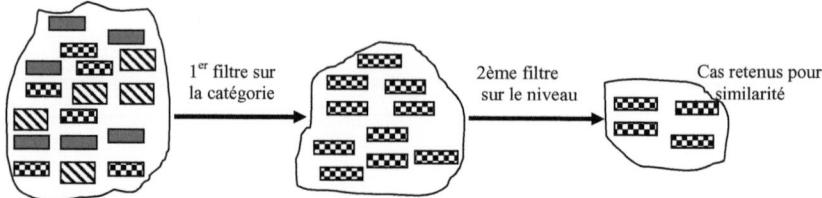

Figure 23 : Extraction des cas similaires à l'aide des filtres

2) Le système applique la procédure de calcul de similarité.

Exemple (appliqué sur le cours de bureautique)

Nouveau problème	Cas filtré
.	.
.	.
.	.
Démarrer word = 0	Démarrer word = 1
Créer nouveau document= 0	Créer nouveau document= 0
Sélection bloc= 0	Sélection bloc= 0
Mise en forme = 0	Mise en forme = 0
Alignement paragraphe=0	Alignement paragraphe=0
Imprimer un document= 0	Imprimer un document= 0
Insérer un tableau = 0	Insérer un tableau = 0
……..	………

Notons que ces deux cas appartiennent à la catégorie débutant et au niveau 1.
En appliquant la procédure de similarité ci-dessus, la similarité sera égale à 1. Le cas filtré est donc retenu pour adaptation en fonction du seuil de similarité fixé.

III.5. L'adaptation de la solution

Suite à la sélection de cas lors de la phase de recherche, le système CBR procède à l'adaptation de la solution retenue (correspondant au problème le plus similaire au problème actuel) pour résoudre son problème courant.

En général, on retrouve deux approches pour l'adaptation de cas. Par l'approche transformationnelle (ou structurelle), on obtient une nouvelle solution en modifiant des solutions antécédentes et en les réorientant afin de satisfaire le nouveau problème. Par l'approche générative (ou dérivationnelle), on garde, pour chaque cas passé, une trace des étapes qui ont permis de générer la solution. Pour un nouveau problème, une nouvelle solution est générée en appliquant l'une de ces suites d'étapes. Certains travaux visent également à unifier ces différentes approches d'adaptation ([Fuchs, 1999] et [Fuchs, 2000]). L'adaptation peut varier d'une simple substitution de la valeur d'un attribut jusqu'à la restructuration complète d'une solution.

Dans notre système, nous utilisons l'adaptation structurelle [Smyth, 1995] parce qu'elle correspond à la structure de notre cas. L'adaptation dérivationnelle ne convient pas à notre cas parce que notre cas est composé d'un problème et d'une solution. Nous ne gardons pas les étapes qui ont mené à la construction de la solution dans le cas. Ces étapes sont un élément essentiel pour l'adaptation dérivationnelle. L'adaptation structurelle permet la réorganisation des éléments de la solution ainsi que l'addition et/ou la suppression de ces éléments sous certaines conditions, par exemple en appliquant un ensemble de règles de transformation de la solution [Wilke, 1998]. PERSO construit, donc, la solution d'un nouveau cas en retenant la solution du problème le plus similaire et en l'adaptant par l'application d'un ensemble de règles. Dans ce qui suit nous citons quelques unes de ces règles.

Exemples de règles:

1) Si *similar.attribut(i)* = 0 et *nouveau.attribut(i)* = 1 alors ajoute *attribut(i)* à *similar.solution*

2) Si *similar.attribut(i)* = 1 et *nouveau.attribut(i)* = 0 alors supprime *attribut(i)* de la *similar.solution*

Notons que *similar.attribut(i)* est un attribut du cas similaire retenu et *nouveau.attribut(i) est* l'attribut correspondant du cas nouvellement construit et pour lequel nous cherchons à adapter la solution.

III.6. La mise à jour de la base

De manière très flexible et simple, le cas cible courant sera ajouté et indexé dans la base si et seulement si certaines conditions sont satisfaites. D'abord un cas cible n'est ajouté que s'il n'existe aucun cas dans la base dont la similarité est très proche (seuil à déterminer par le concepteur) du cas cible courant. Si cette condition est satisfaite, on doit vérifier que le nombre total de cas dans la base est inférieur à un certain nombre (défini aussi par le concepteur). Si oui, le cas cible sera simplement ajouté et indexé dans la base. Sinon, le cas cible sera toujours ajouté mais après la suppression du plus ancien cas dans la base.

IV. LE GENERATEUR DU COURS

IV.1. Introduction

Le Générateur de Cours (GC) se distingue des autres modules du système parce qu'il n'intègre pas ses propres connaissances mais plutôt il infère sur le modèle des ressources, le système CBR et le modèle de l'apprenant.
La génération démarre lorsque l'apprenant active le cours qu'il voudrait suivre. Le Générateur de Cours (GC) récupère le séquencement dans la solution et l'affiche comme table de matières pour l'apprenant sous forme de liens. A chaque activation d'un lien, une page est construite. Certains liens seront grisés ou inactivés car ils correspondent à des notions maîtrisées par l'apprenant tout en donnant la possibilité d'activer un lien si l'apprenant trouve un besoin de revoir son contenu.

IV.2. La construction de la page

La construction de la page de l'hypermédia est fonction de la composante préférence du modèle de l'apprenant ainsi que la base d'objets d'apprentissage. Notons que la composante « modèle cognitif » a servi dans la construction du séquencement (la table des matières).

Au fait la construction de la page débute lorsque l'apprenant clique sur un lien qui l'amène sur une notion. A ce moment, le GC récupère le canevas pour cette notion. Ensuite, il va essayer pour chaque élément de ce canevas (introduction, définition…) de trouver le média préféré par l'apprenant. Pour cela, nous utilisons trois sortes de filtres :

- Le premier filtre permet d'extraire un sous ensemble, à partir d'un ensemble S0, d'objets pédagogiques en relation avec la notion. Ce sous ensemble est noté S1.

- Le deuxième filtre permet d'extraire de S1 les objets pédagogiques en adéquation avec un type cognitif construisant la notion. Ce nouvel ensemble est noté S2.

- Le troisième filtre permet d'extraire de S2 les objets pédagogiques en adéquation avec le type physique préféré par l'apprenant.

Les filtres 2 et 3 seront répétés autant de fois que le nombre d'objets pédagogiques composant la notion. Par exemple si la notion est composée de quatre types cognitifs différents (introduction, définition, exemple, récapitulatif) alors les filtres 2 et 3 seront répétés 4 fois.

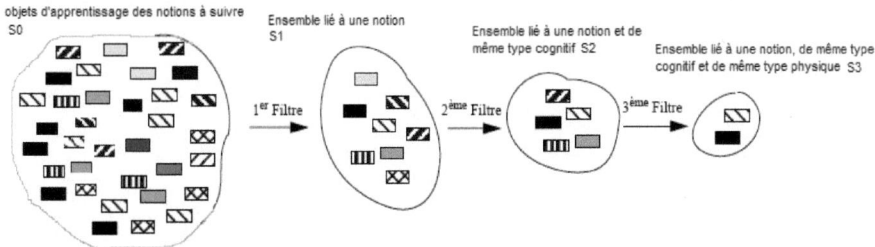

Figure 24 : Extraction des objets d'apprentissage à l'aide des filtres

Comme le montre la figure 24, l'utilisation successive de ces trois filtres permet dans la limite du possible d'extraire le meilleur objet d'apprentissage pour l'apprenant. En effet, le séquencement (résultant du modèle cognitif) détermine le premier ensemble dans lequel les filtres vont s'exécuter. Ensuite le click sur la notion déclenche le premier filtre. Le canevas détermine les types cognitifs que doit utiliser le deuxième filtre. Enfin, l'ordonnancement des types physiques défini dans les préférences de l'apprenant permet de déterminer le type de média que le troisième filtre doit prendre en compte.

V. IMPLEMENTATION

V.1. Architecture de l'application

V.1.1. Architecture générale

L'architecture générale de la solution est une architecture 3 tiers. Nous avons d'un coté le client qui effectue un ensemble d'opérations et de l'autre coté le serveur base de données. Le serveur Web est le médiateur entre les deux. Le client représente les différents acteurs humains de ce système : l'administrateur, l'enseignant et l'étudiant. La figure qui suit donne une idée claire sur cette architecture.

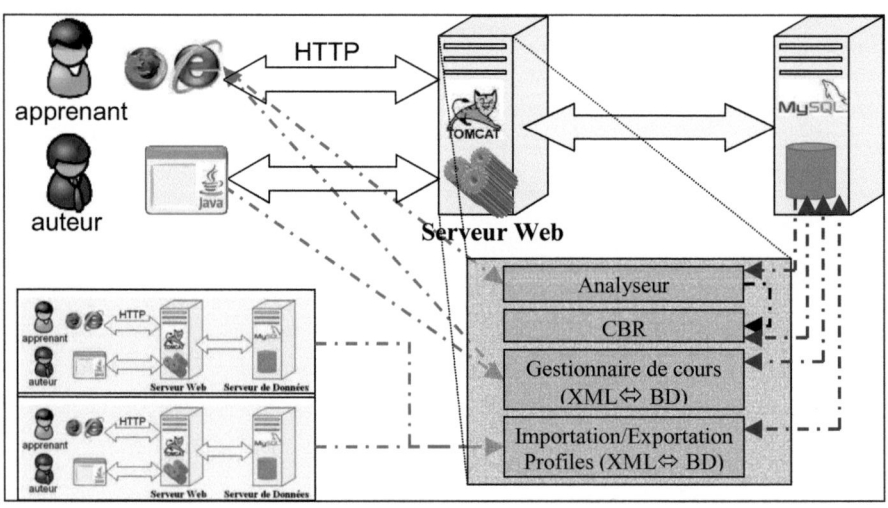

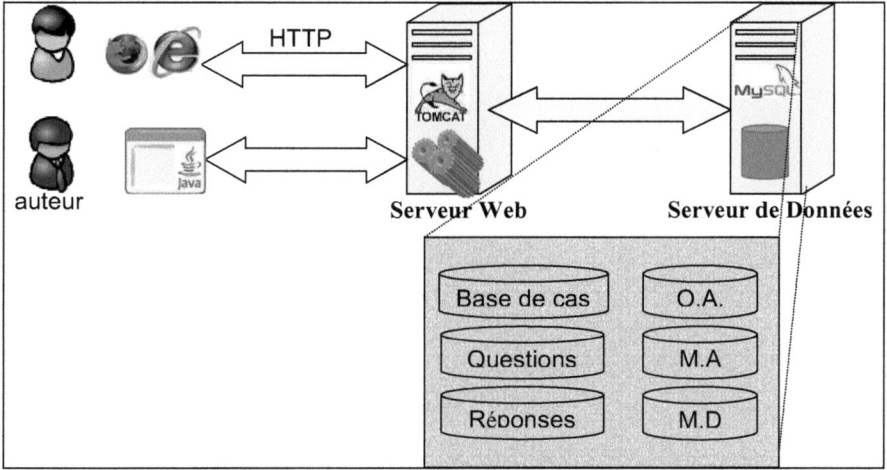

Figure 25 : Architecture logicielle du système

V.1.2. Diverses tâches des acteurs du système

Les deux principaux acteurs de notre système sont : l'enseignant (concepteur du cours) et l'apprenant. Nous allons dans ce qui suit détailler les tâches effectuées par chacun d'eux.

V.1.2.1. Tâches effectuées par l'enseignant

L'enseignant représente la «source» des cours. De plus, c'est lui qui donne l'ensemble des questions et des réponses (pour les comparer ensuite avec les réponses de l'apprenant) en vue de déterminer le profil cognitif de l'apprenant. On peut résumer, ainsi, les tâches de l'enseignant comme suit :

- *Connexion :* Pour effectuer ses opérations, l'enseignant doit tout d'abord se connecter en saisissant les coordonnées de connexion : nom d'utilisateur et mot de passe.
- *Ajout de cours*

- *Questionnaire :* L'enseignant saisit pour chaque notion d'un cours une question et sa réponse qui servira pour l'évaluation des apprenants avant leur accès au cours.
- *Réponse aux questions :* L'enseignant peut à tout moment voir la liste des questions posées par ses étudiants, s'il y en a, et répondre à ces questions. Il peut rendre quelques-unes publiques pour être consultées par tous les étudiants.
- *Contrôle et suivi :* La phase d'évaluation est très importante dans l'enseignement. Pour cette raison, l'application offre à l'enseignant la possibilité de contrôler ses étudiants. Divers types de contrôle se présentent : les tests, les travaux dirigés, les devoirs surveillés et les examens. L'enseignant doit fixer un contrôle (date et type). Puis, il saisit les questions nécessaires. Il peut aussi donner aux apprenants la possibilité de s'auto-évaluer en leur donnant des questions d'auto-évaluation.

La figure des services offerts à l'enseignant est schématisée ci-dessous :

CH5 : Le processus de génération d'un cours personnalisé

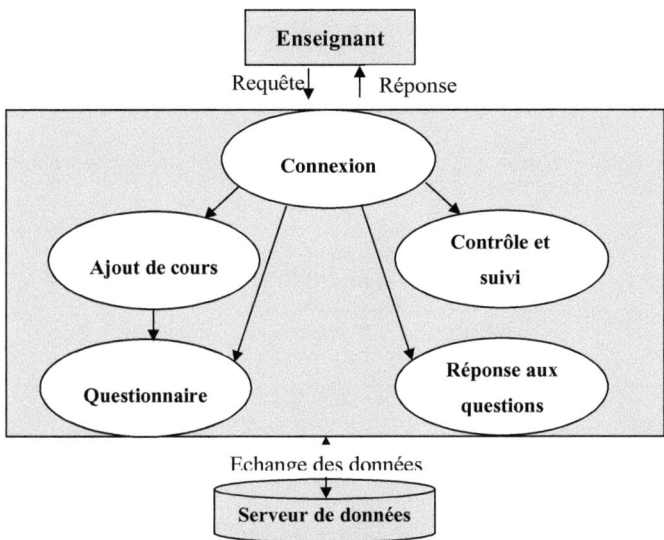

Figure 26 : Les tâches de l'enseignant

V.1.2.2. Tâches effectuées par l'apprenant

Les tâches effectuées par l'apprenant sont résumées comme suit :

- *Connexion :* Comme l'enseignant, pour effectuer ses opérations, l'apprenant doit se faire connaître par le système en saisissant les coordonnées de connexion : nom d'utilisateur et mot de passe.
- *Consultation des cours* : L'apprenant est un membre d'une classe, il peut alors voir tous les cours destinés à cette classe. Il choisit un cours parmi la liste qui lui est affichée. S'il avait déjà fait le pré-test pour ce cours, il aura accès directement au contenu. Sinon, il est redirigé à la page de pré-test afin d'initialiser son profil.
- *Pré-test :* La phase de pré-test est effectuée pour chaque cours lors de sa consultation pour la première fois.
- *Evaluation*

- *Renseignement*
- *Recherche* : Une option de recherche est disponible pour permettre à l'étudiant de consulter les parties du cours qui contiennent les mots clés de sa requête.

La figure suivante résume les différents services offerts à l'apprenant par le système

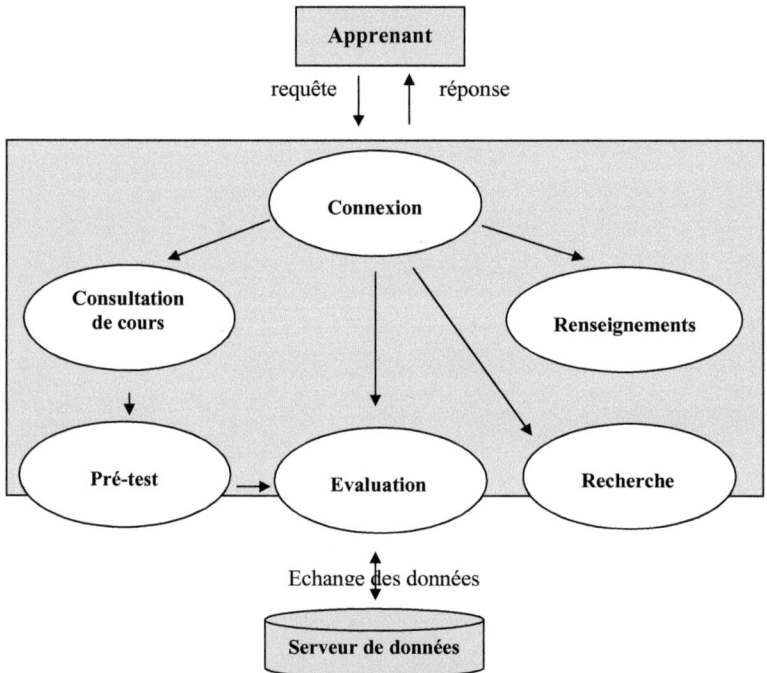

Figure 27 : Les tâches de l'étudiant

V.2. Diagramme de classes

Nous avons intégré quelques classes (des JavaBeans) dans le code JSP à l'aide de la commande "<jsp:useBean>". Ces classes ainsi que leurs différentes relations sont représentées par le diagramme suivant :

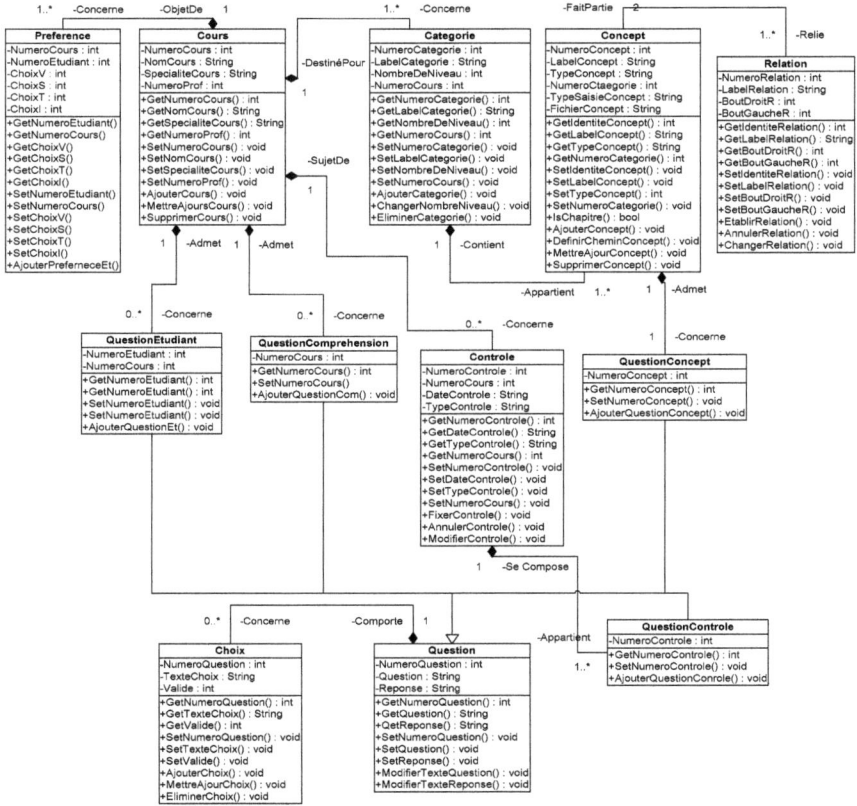

Figure 28 : Diagramme des classes

Les classes principales sont 'Cours', 'Concept' (notion) et 'Question'. En effet, toutes les opérations qui s'effectuent, que ce soit par l'enseignant ou par l'apprenant, sont relatives à ces classes.

V.3. Diagrammes de séquence

Les diagrammes de séquences permettent de déterminer la chronologie des interactions entre les objets dans l'accomplissement d'une tâche. Les objets dans notre système sont généralement les suivants: enseignant ou apprenant, serveur et base de données. Dans ce qui suit nous donnons les diagrammes de séquence de quelques services du système.

V.3.1. Connexion

Pour ouvrir une session, l'utilisateur (enseignant ou apprenant), doit s'authentifier en saisissant son nom d'utilisateur ainsi que son mot de passe. Une fois la session est ouverte, il peut profiter de l'ensemble des services que le système lui offre. Le diagramme de séquence correspondant est le suivant :

CH5 : Le processus de génération d'un cours personnalisé

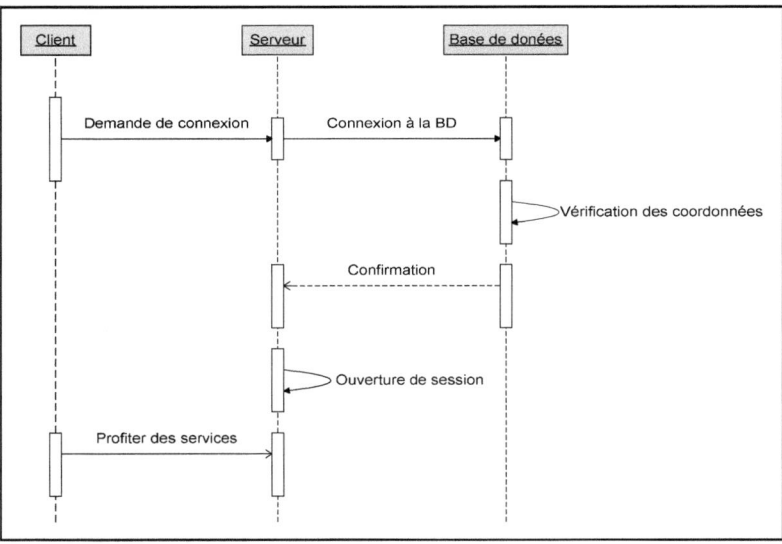

Figure 29 : Diagramme de séquence de connexion

V.3.2. Pré-test

Le diagramme qui suit présente le processus de l'évaluation (pré-test), au terme duquel, le modèle cognitif de l'étudiant est déterminé. L'étudiant indique tout d'abord l'ordre de ses préférences, puis il répond à un ensemble de questions. A la fin, un nouveau cas est déterminé et inséré dans la base de données.

CH5 : Le processus de génération d'un cours personnalisé

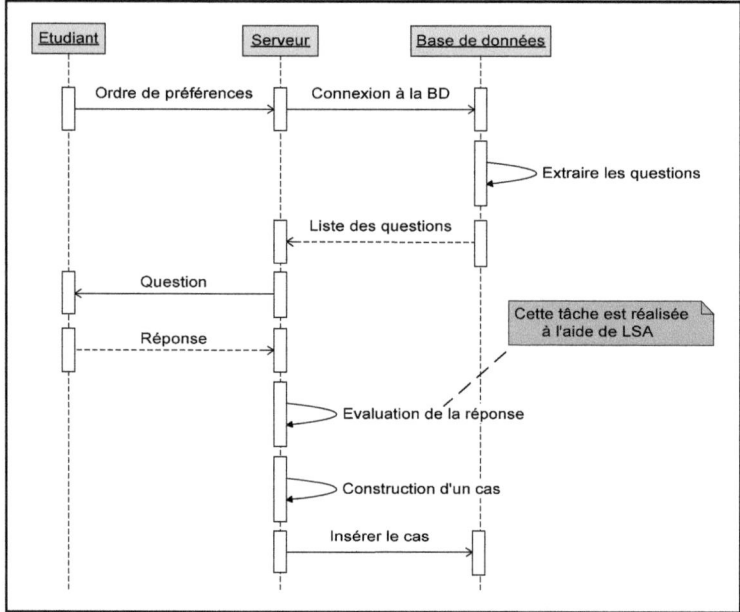

Figure 30 : Diagramme de pré-test

VI. EXPERIMENTATION

Pour tester notre approche, on a développé un cours de MS-Word selon la structure du curriculum que nous avons proposée (chapitre IV).

Le choix d'un cours de bureautique est motivé par le fait de vouloir comparer les deux expériences : celle effectuée sans personnalisation, et qui a été effectuée sur un cours MS-Word, (chapitre III) et celle utilisant notre approche de personnalisation.

La figure suivante représente une partie du réseau sémantique des notions du cours MS-WORD.

CH5 : Le processus de génération d'un cours personnalisé

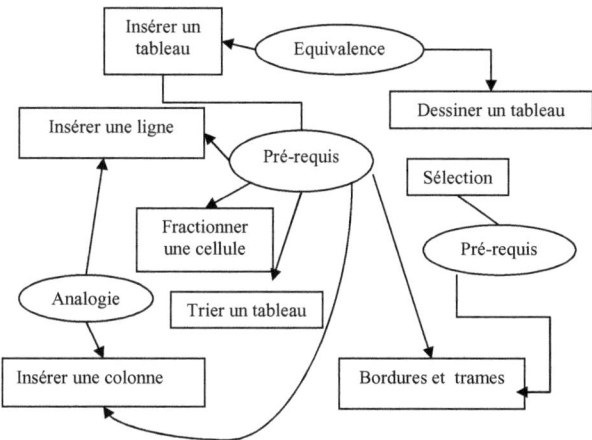

Figure 31 : Une partie du réseau sémantique des notions

Pour mettre en œuvre notre approche, nous avons initialisé la base de cas par 9 cas : 3 cas pour chaque catégorie (nous rappelons que nous avons choisi 3 catégories : débutant, intermédiaire et avancé). Les cas initiaux ont été choisis, de façon pragmatique, pour représenter les profils les plus fréquents dans un groupe :

- des cas correspondant à des apprenants n'ayant aucun pré-requis par rapport aux connaissances de leur catégorie.

- des cas correspondant à des apprenants ayant acquis toutes les connaissances de leur catégorie.

- des cas correspondant à des apprenants ayant acquis le premier niveau des connaissances de leur catégorie.

Dans ce qui suit, nous présentons un cas initial pour chaque catégorie. Ces cas représentent des apprenants du premier niveau de chaque catégorie. (Ce qui explique les zéros devant les notions du cours).

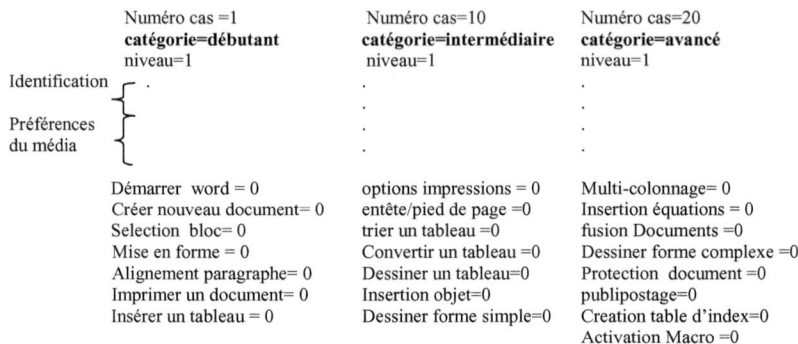

Les cours que le système propose pour ces cas sont comme suit : pour le cas de la catégorie débutant : c'est un cours comportant toutes les notions (comme le montre la figure ci-dessous). Pour le cas de la catégorie intermédiaire, le système propose un cours comportant toutes les notions en excluant les notions de la catégorie débutant. Alors que pour la catégorie avancée, l'apprenant ne verra apparaître que les notions de cette catégorie.

CH5 : Le processus de génération d'un cours personnalisé

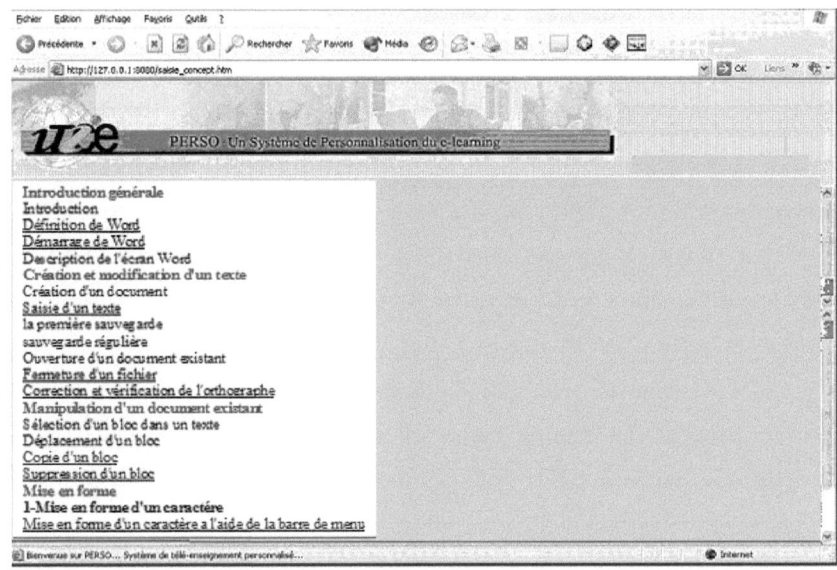

Figure 32 : Menu du cours MS-Word pour la catégorie débutant

Nous remarquons ainsi que le premier avantage de notre approche consiste dans le fait de proposer des contenus différents selon le profil et les pré-requis de l'apprenant. Le deuxième avantage est que le système n'aura pas à calculer ce contenu pour chaque nouvel apprenant mais plutôt de chercher la solution toute prête dans la base. Ainsi si on a dans un groupe 10 apprenants n'ayant aucun pré-requis sur les connaissances du cours à suivre, le système ne génère le canevas de ce cours qu'une seule fois, plutôt que 10 fois dans un système de personnalisation classique. Ce Canevas (solution), une fois généré, sera stocké dans la base de cas et grâce au système CBR, cette solution sera proposée à chaque fois qu'un profil similaire se présente.

VII. ENVIRONNEMENT LOGICIEL

Pour le développement de notre système, nous avons opté pour les logiciels libres. En effet, pour manipuler la base de données, nous avons opté pour un serveur MySQL. Les langages de développement qui ont été utilisé sont : JSP (Java Server Page), JAVA, XML, HTML, Java script. Le serveur web que nous avons choisi est Tomcat. Notons que bien que le système PERSO est développé sur une plate-forme Windows XP, il peut être porté sur des plate-formes qui utilisent des systèmes d'exploitation libres type Linux.

Les traitements de présentation concernant la mise en forme des pages XML sont réalisés par des feuilles de styles. A chaque document XML généré est associée une feuille de style XSL permettant la représentation du document en HTML sur le navigateur de l'apprenant (supportant XML).

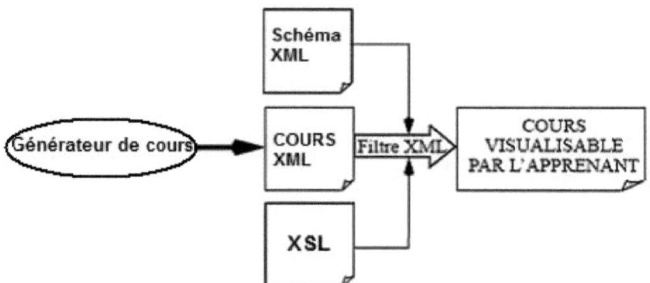

Figure 33 : Utilisation de XML pour la génération d'un cours

Ci-dessous, nous donnons des parties de quelques schémas XML

Partie du schéma du modèle de l'apprenant :

```
…………………………..
<xs:element name="media_profile">
<xs:complexType>
<xs:sequence>
<xs:element    name="media" maxOccurs="4">
 <xs:complexType>
    <xs:sequence>
```

```
            <xs:element name="name" />
            <xs:element name="order" />
          </xs:sequence>
       </xs:complexType>
            </xs:element>
        </xs:sequence>
       </xs:complexType>
    </xs:element>
     <xs:element name="cognitive_profile">
       <xs:complexType>
        <xs:sequence>
   <xs:element     name="concept" maxOccurs="unbounded">
           <xs:complexType>
             <xs:sequence>
               <xs:element name="name" />
              <xs:element name="semantic_closeness" />
            </xs:sequence>
          </xs:complexType>
        </xs:element>
      </xs:sequence>
      </xs:complexType>
     </xs:element>
   </xs:sequence>
  </xs:complexType>
 </xs:element>
..................
```

Partie du Schéma XML du cas :

```
    ....................
       <xs:complexType>
        <xs:sequence>
   <xs:element name="problem">
   <xs:complexType>
   <xs:sequence>
    <xs:element name="media_profile" />
    <xs:element name="cognitive_profile" />
   </xs:sequence>
   </xs:complexType>
   </xs:element>
```

```
 <xs:element name="solution">
<xs:complexType>
<xs:sequence>
 <xs:element name="chapters"
     maxOccurs="unbounded" />
 </xs:sequence>
 </xs:complexType>
 </xs:element>
 </xs:sequence>
 </xs:complexType>
......................
```

VIII. CONCLUSION

Dans ce chapitre nous nous sommes intéressés aux deux dernières composantes de notre système à savoir le système CBR et le générateur de cours.

Le générateur de cours se distingue des autres composantes par le fait qu'il n'intègre pas de connaissances au sens propre du terme. Il s'agit plutôt d'une composante qui infère sur les autres composantes à savoir le modèle du domaine, le modèle de l'apprenant, le modèle des ressources et le système CBR. En effet, le générateur de cours récupère le parcours, à proposer à l'apprenant, du système CBR pour essayer ensuite pour chaque notion de ce parcours de rechercher les objets pédagogiques la composant. Bien entendu, le parcours a été préalablement déterminé en correspondance avec le modèle du domaine et le modèle de l'apprenant.

Quant au système CBR, il constitue une des originalités de notre travail. Il nous a permis de modéliser le fait qu'il existe des apprenants qui ont le même profil ou des profils assez similaires (les mêmes pré-requis et les mêmes préférences) dans un même groupe et de pouvoir profiter de cette similarité en réutilisant un parcours déjà proposé au lieu d'en générer un nouveau.

La système CBR a donné plus de performance et plus d'uniformité dans le raisonnement suivi dans notre système en reprenant la même approche: la réutilisation. En effet, notre système devient donc basé sur une réutilisation à deux niveaux :

- Une réutilisation au niveau des objets pédagogiques.
- Une réutilisation au niveau des parcours pédagogiques.

CONCLUSION GENERALE

I. CONCLUSION

A l'aube de ce nouveau siècle, nous sommes en train de vivre un bouleversement dans tous les domaines du aux progrès technologiques, et notamment à l'intégration des Techniques de l'Information et de la Communication dans ces domaines. Bien évidemment, ce bouleversement n'a pas épargné l'enseignement et on se dirige sensiblement vers un enseignement personnalisé et délocalisé. La production de cours numériques ne va pas tarder à supplanter les cours sur support papiers.

En effet, les supports numériques présentent plusieurs avantages dont on cite quelques uns :

    - L'accès immédiat à l'information

    - La diversité des médias utilisables

    - La structure hypertexte qui facilite le passage d'une notion à l'autre

    - L'initiative donnée à l'apprenant…

Cependant certaines lacunes (« copie conforme » du support papier sans tirer profit des possibilités numériques, surcharge cognitive, non implication de l'apprenant, cours non adapté aux caractéristiques de l'apprenant …) se ressentent encore dans la façon dont ces nouveaux supports sont présentés à l'apprenant. C'est donc, et pour remédier à ces lacunes que les chercheurs, depuis quelques années, préparent des solutions qui permettent de délivrer des cours adaptés aux caractéristiques de chaque apprenant.

Notre thèse s'inscrit dans cette lignée. En effet dans ce mémoire nous avons proposé une nouvelle approche de modélisation et d'adaptation des documents pédagogiques hypermédias. Nous avons décrit en détail l'architecture logicielle d'un système « intelligent » de production de cours hypermédia personnalisé basé sur une double réutilisation : la réutilisation des objets pédagogiques et la réutilisation des parcours proposés aux apprenants. Cette étude a débouché sur l'implémentation d'un prototype.

Pour réaliser les fonctions du système, nous nous sommes appuyés sur deux types de connaissances : les connaissances sur l'apprenant (ses pré-requis et ses préférences en terme de type de média et de structure du cours) et les connaissances sur le domaine (celles qui sont du ressort des enseignants et ayant rapport avec les connaissances pédagogiques).

La formalisation de ces connaissances nous a amenés à définir un modèle conceptuel de cinq parties : le modèle du domaine, le modèle de l'apprenant, le modèle des ressources pédagogiques, le module CBR et le générateur de cours.

Notre architecture conceptuelle se distingue des travaux sur les hypermédias adaptatifs pour l'enseignement par son originalité dans l'acquisition du modèle de l'apprenant et par la double réutilisation dans la génération du cours (la réutilisation des objets pédagogiques et la réutilisation des parcours proposés aux apprenants).

1. L'acquisition du modèle de l'apprenant : elle est effectuée grâce à un questionnaire par catégorisation qui comporte des questions ouvertes.

Un point critique de ce genre de système est le choix d'une approche qui permet de modéliser et de comprendre des réponses fournies dans une langue naturelle. La réponse que nous avons fournie est l'Analyse de la Sémantique Latente (LSA). Le choix de cette analyse est étayé par les points suivants :

> - LSA est un outil de comparaison de textes (dans notre cas, la réponse de l'apprenant et celle du professeur) qui a donné ses preuves. Cette possibilité de LSA nous a permis de modéliser l'apprenant par une approche ouverte : en le laissant s'exprimer librement en répondant aux questions (contrairement à la plupart des systèmes actuels où l'apprenant est limité par des questions à choix multiples ou des questions à réponses multiples).

- LSA permet d'obtenir automatiquement la représentation de chaque nouveau texte (du moment où les mots composant le texte faisant partie de l'espace sémantique), chose qui n'est pas aisée avec d'autres formalismes de représentation.
- Indépendante du domaine et complètement automatique
- Validée expérimentalement sur de nombreux domaines.

2. La double réutilisation : habituellement, dans un système adaptatif, on détermine pour chaque apprenant un parcours personnalisé tout en reprenant à chaque fois tout le processus d'agrégation et de séquencement nécessaires. Néanmoins, il serait intéressant, de réutiliser, en cas de similarité de profils entre apprenants, un parcours déjà proposé au lieu d'en générer un nouveau. Cette idée va nous permettre d'augmenter la performance et l'uniformité du raisonnement dans notre système parce que nous reprenons la même approche: la réutilisation (celle des objets pédagogiques et celle des parcours).

Pour la réutilisation des objets pédagogiques, nous nous sommes basés sur un sous ensemble des métadonnées définies dans le LOM. Alors que pour la réutilisation des parcours pédagogiques, nous nous sommes basés sur l'approche du Raisonnement à Base de Cas ou Case Based Reasoning (CBR). L'avantage d'utiliser cette approche est double :

- Elle permet de minimiser le nombre de questions à poser à l'apprenant en se basant sur différentes catégories de cas.
- Elle minimise le temps de construction d'une nouvelle solution en adaptant des solutions précédentes.

II. PERSPECTIVES

Comme perspectives, nous projetons, sur le plan pratique, de tester le système dans un environnement de travail réel (comme nous l'avons fait pour le télé enseignement). Ce test nous permettra d'évaluer le système et éventuellement de l'ajuster.

Sur le plan recherche, plusieurs perspectives sont envisageables. L'objectif est d'automatiser encore le processus d'apprentissage avec les systèmes d'e-learning et d'améliorer davantage les performances et l'efficacité de ces systèmes.

En effet, concernant l'automatisation du fonctionnement, nous projetons de développer un outil de réponse (ou d'aide à la réponse) automatique aux questions des apprenants. Cette idée découle de deux constatations :

1. Au fur et à mesure qu'un centre de télé-enseignement enseigne un cours bien déterminé, les tuteurs de ce cours répondent aux questions des apprenants qui cherchent à comprendre certaines notions ou demander des éclaircissements concernant certains aspects du cours. Ces questions et leurs réponses peuvent constituer une base importante de connaissances qu'il sera intéressant d'exploiter dans l'enseignement des futurs apprenants.

2. Si un tuteur a répondu à une question particulière (un cours peut avoir plusieurs tuteurs), nous pouvons épargner aux autres tuteurs de répondre si leurs apprenants posent cette même question.

L'idée de base de l'outil consiste à former une base des questions/réponses qui sera alimentée progressivement. Quand un apprenant pose une question, le système cherche dans sa base si cette question existe ou non. Si la question existe, le système pourra répondre à l'apprenant en lui proposant la réponse du tuteur stockée dans la base.

Avec cet outil, le tuteur n'aura qu'à répondre aux questions auxquelles le système est incapable de répondre, i.e. le cas d'une nouvelle question ou d'une question exprimée d'une façon très difficile à comprendre.

Une autre perspective que nous jugeons pertinente est l'utilisation des techniques de fouilles de données sauvegardées dans les fichiers logs, gérées par les serveurs

Web pour élaborer une approche pour la recommandation automatique des objets d'apprentissage suivant les profils des apprenants. Il s'agit d'exploiter, d'une part les connaissances extraites sur les apprenants (à partir des informations implicites de navigation recueillies) et d'autre part les connaissances sur les ressources pédagogiques (indexation, métadonnées, etc). Il est possible d'explorer des pistes exploitant plus qu'une technique, par exemple une approche hybride utilisant à la fois plusieurs sources de données : « content data » et « usage data » en vue d'extraire des modèles d'accès et de guider l'apprenant dans le choix d'un parcours personnalisé d'apprentissage.

Acknowledgements

This research project was supported by a grant from the Research Center of the Center for Female Scientific and Medical Colleges in King Saud University.

REFERENCES BIBLIOGRAPHIQUES

[Albert, 1987] Albert J., *Education pour l'an 2000*. Compte rendu du colloque organisé à Nantes le 26 octobre 1987 par la fondation Frederik R. Bull, Formation et techniques de la communication, 1987

[Aloys, 2003] Mbala Hikolo A., Analyse, conception, spécification et développement d'un système multiagents pour le soutien des activités en formation à distance. Thèse de doctorat de l'Université de Franche-Comté. N_977, 2003

[Ardissono, 2000] Ardissono L, Goy A., Tailoring the Interaction With Users in Web stores, *User Modeling and User-Adapted Interaction*, *vol. 10, N. 4, pp. 251-303, Kluwer Academic Publishers, 2000*

[Arroyo, 2001] Arroyo I., Conejo R., Guzmand E., Woolf, B.P., "An Adaptative Web-Based Component for Cognitive Ability Estimation", *in Proceedings of AIED'01*, pp. 456–466, 2001

[Balacheff, 1992] Balacheff N., Modélisation de l'utilisateur dans l'explication. In: A. Giboin (ed.) *Deuxièmes journées Explication du PRC-GDR-IA*. Sophia-Antipolis: INRIA, 1992

[Balasubramanian, 1994] Balasubramanian V., "State of the Art Review on Hypermedia Issues And Applications", Graduate School of Management, Rutgers University, Newark, NJ, 1994

[Balpe, 1996] Balpe J.P., Lelu A., Papy F., Saleh I., *Techniques avancées pour l'hypertexte*. Paris : Hermes., 1996

[Beck, 1996] Beck J., Mia S., Erik H., Applications of AI in Education, ACM Crossroads, September 1996

[Bellier, 2001] Bellier S., *Le e-Learning : pédagogie contenus modalités acteurs*, Collection Entreprise & Carrières, Editions Liaisons, Cegos, Rueil-Malmaison., 2001

[Berners-Lee, 2001] Berners-Lee T., Hendler J., Lassila.O. *The Semantic Web*. Scientific American, May 2001, Feature article.

[Billsus, 1997] Billsus D., Pazzani M., Learning and Revising User Profiles: The Identification of Interesting Web Sites, Machine Learning 27, 313–331 Kluwer Academic Publishers., 1997

[Bisson, 1994] Bisson G., Une approche symbolique/numérique de la notion de similarité, dans Edwin Diday, Yves Kodratoff (éds.), actes 4èmes journées sur l'« induction symbolique/numérique » , pp93-96, Orsay (FR), (14-15 mars) 1994

[Bourdages., 2001] Bourdages L., Delmotte C., La persistance aux études universitaires à distance, *CADE: Journal of Distance Education / Revue de l'enseignement à distance*, vol. 16, n°2., 2001

[Brady, 2005] Brady A., O'Keeffe I., Conlan O., Wade V., "Just-in-time Generation of Pedagogically Sound, Context Sensitive Personalized Learning Experiences", ProLearn-iClass Workshop on Learning Objects in Context, Leuven, Belgium, 2005

[Brickley, 2004] Brickley D, Guha R V., RDF Vocabulary Description Language 1.0: RDF Schema - W3C Recommendation, 10 February 2004

[Brown, 1989]	Brown J.S., Collins A., Duguid P., Situated cognition and the culture of learning. *Educational Researcher, vol. 18, n°1, pp. 32-42., 1989*
[Bruillard, 1997]	Bruillard E., Les machines à enseigner, édition Hermès, 319 p., 1997
[Brusilovsky, 1996a]	Brusilovsky P., Methods and techniques of adaptive hypermedia User Modeling and User Adapted Interaction, *v 6, n 2-3, pp 87-129 (Special issue on adaptive hypertext and hypermedia), 1996*
[Brusilovsky, 1996b]	Brusilovsky P., Schwarz E., Weber G. *ELM-ART: An intelligent tutoring system on World Wide Web, Third International Conference on Intelligent Tutoring Systems, ITS-96*, C. Frasson, G. Gauthier, and A. Lesgold, Editors. 1996, Springer Verlag: Berlin. p. 261-269., 1996
[Brusilovsky, 1998]	Brusilovsky P. Methods and techniques of adaptive hypermedia. In P. Brusilovsky, A. Kobsa ans J.Vassileva (eds) : Adaptive Hypertexte and Hypermedia, Dordrecht: Kluwer Academic Publishers, pp. 1-43., 1998
[Brusilovsky, 2001]	Brusilovsky P., Adaptive Hypermedia, *User Modeling and User-Adapted Interactions, 11, 87 – 110, 2001*
[Brusilovsky, 2003]	Brusilovsky P., Adaptive navigation support in educational hypermedia : The role of student knowledge level and the case for meta- adaptation. *British Journal of Educational Technology, Vol. 34, n°4, pp. 487-497, 2003*
[Bush, 1945]	V. Bush, "As We May Think", *The atlantic monthly, 1945*
[Carbonell, 1970]	Carbonell J.R. AI in CAI: an artificial intelligence approach to cumputer assisted instruction. IEEE Transactions on Man-Machine Systems, vol. 11, n°4, pp. 190-202., 1970
[Carr, 1977]	Carr B., Goldstein I., Overlays: a Theory of Modeling for Computer-aided Instruction, Technical Report, AI Lab Memo 406, MIT., 1977
[CEN, http]	CEN. http ://www.cen.org.
[Chabert, 2000]	Chabert-Ranwez S., Composition Automatique de Documents Hypermédia Adaptatifs à partir d'Ontologies et de Requêtes Intentionnelles de l'Utilisateur, thèse de doctorat, Université Montpellier 2, 187p, décembre 2000
[Chandrasekaran, 1998]	Chandrasekaran B., Josephson J. R., and Benjamins V. R., The ontology of tasks and methods. In *Proceedings of the 11th Knowledge Acquisition Modeling and Management Workshop, KAW'98*, Banff, Canada., 1998
[Chanier, 1992]	Chanier T., « Perspectives de l'apport de l'EIAO dans l'apprentissage des langues: modélisation de l'apprenant et diagnostic d'erreurs ». *Revue de liaison de la recherche en Informatique Cognitive des Organisations, (ICO)*, vol. 3, 4. pp.25-34 , 1992
[Chen, 1999]	Chen W., Mizoguchi, R. Communication Content Ontology for Learner Model Agent in Multi-agent Architecture. *Proc. 7th Int'l. Conf. on Computers in Education*, pp. 95–102, Chiba, Japan., 1999
[Choquet, 1998]	Choquet C., Danna, F., Tchounikine, P., Trichet, F., Modeling the Knowledge-Based Components of a Learning Environment within Task/Method Paradigm, Eds. Goettl et al., ITS'98, pp.56-65, 1998
[Chorfi, 2002a]	Chorfi H., Jemni M.., "Evaluation and Perspectives of an Innovative Tunisian e-

	Learning Experimentation", International Conference Advances in Infrastructure for e-business, e-education, e-science and e-medecine on the Internet, l'Aquila, Italie, 29 juillet – 04 Août 2002
[Chorfi, 2002b]	Chorfi H., Jemni M.., "Innovative eLearning Experimentations by Use of Waheeb, A Tunisian Platform", The Second European Distance Education Network (EDEN) Research Workshop, Hildesheim, Allemagne.21-23 March 2002
[Chorfi, 2003a]	Chorfi H., Jemni M., "Towards a Dynamic Generation of Customized e-learning Courses", 3rd IEEE International Conference on Advanced Learning Technologies (ICALT), Athens, Greece, July 9-11, 2003
[Chorfi, 2003b]	Chorfi H., Jemni M., Aimeur E. , "PERSO: A system to build dynamically personalized courses in an e-learning environment", 4th International Conference on Information Technology Based Higher Education and Training (ITHET), Marrakech, MOROCCO, July 7-9, 2003
[Chorfi, 2003c]	Chorfi H., Jemni M., Aimeur E., "A CASE-BASED REASONING SYSTEM TO CUSTOMIZE E-TRAINING", 4th International Conference on Information Communication Technologies in Education (ICICTE), Samos Island GREECE 3-5 July 2003
[Chorfi, 2003d]	Chorfi H., Jemni M., "PERSO: A SYSTEM TO CUSTOMIZE E-TRAINING", 5th International Conference on New Educational Environments, Lucerne, Switzerland, May 26-28, 2003
[Chorfi, 2004]	Chorfi H., Jemni M., "PERSO: Towards an Adaptive e-Learning System", *Journal. of Interactive Learning Research (JILR)*, Special issue: "Computational Intelligence in Web-Based Education", 2004, Volume 15, number 4, pages 433-447.
[Chorfi, 2006]	Chorfi H., Jemni M. "A CBR Adaptive Hypermedia for Edcuation based on XML", 6th IEEE International Conference on Advanced Learning Technologies (ICALT), Kerkrade, The Netherlands, 2006
[Conklin, 1987]	Conklin J., Hypertext: An introduction and Survey. IEEE Computer, 1987
[Cotter, 2000]	Cotter P, Smyth B., Wapping the Web - A Case Study in Content Personalisation for WAP-Enabled Devices. In Proceedings of the International Conference on Adaptive Hypermedia and Adaptive Web-based Systems, (AH), Toronto, Italy, 2000
[Crampes, 2002]	CRAMPES M., Auto-composition active et émergence du sens dans l'interaction homme-machine sous contrainte. Habilitation à Diriger des Recherches en informatique de l'Université Montpellier II., 2002
[Cristea, 2004]	Cristea A. I., What can the Semantic Web do for Adaptive Educational Hypermedia?, *Educational Technology & Society*, 7 (4), 40-58., 2004
[Crowder, 1959]	Crowder, N., Automatic tutoring by means of intrinsic programming., In E. H. Galanter (Ed.). *Automatic Teaching: The State of the Art.* New York : John Wiley & Sons., 1959
[De Bra, 1996]	De Bra, P.Teaching Hypertext and Hypermedia through the Web. *Journal of*

Universal Computer Science, vol. 2, no. 12, 797-804, 1996

[Delestre, 2000] Delestre N., Metadyne, un Hypermédia Adaptatif Dynamique pour l'Enseignement, *Thèse de l'Université. De Rouen*, 2000

[Demaizière, 1999] Demaizière F., Eclatement des temps et des lieux de la formation, *Autoformation et multimédia*, 1999

http://www.sigu7.jussieu.fr/AEM/eclatrennes.htm.

[Deschênes, 1999] Deschênes A.J., Un modèle de l'apprenant à distance: logique ou chaos? *DistanceS*, vol. 3, n°2, p. 119-142., 1999

[Dewey, 1994] Dewey, *Classification décimale de Dewey et index : édition intermédiaire* / établis par Melvil Dewey ; - Montréal, Éditions ASTED - 2 volumes. ISBN 2-921548-11-9, 1994

[Dillenbourg, 1991] Dillenbourg P., Mendelsohn P., « Le Développement de l'Enseignement Assisté par Ordinateur (EIAO) » Conférence donnée à la réunion de l'Association de Psychologie Scientifique de langue française. Rome 23/25, Sept.1991

[Dimitrova, 2001] Dimitrova, V., PhD thesis *"Interactive Open Learner Modeling"*, University of Leeds, 2001

[Dolog, 2004] Dolog P., Henze N., Nejdl W., Sintek M., The personal reader: Personalizing and enriching learning resources using semantic web technologies. *Technical report*, Hannover, Germany: University of Hannover, 2004

[Ecoutin, 2001] Ecoutin E., Fiche pratique no.1 : les utilisations d'une plate-forme. Technical report, 2001

[Edutech, http] Edutech, *Comparison of Web Based Course Environments*,

http://www.edutech.ch/edutech/tools/comparison_e.asp.

[Englebart, 1962] Englebart D., "Augmenting human intellect : A conceptual framework", Summary Report Contract, SRI Project, Stanford Research InstituteMenlo Park, http://www.histech.rwth-aachen.de/www/quellen/englebart/ahi62index.html, 1962

[Foltz, 1998] Foltz P., Kintsch W., Landauer T.K., The measurement of textual coherence with Latent Semantic Analysis. *Discourse Processes*, 25, 285-307. 1998

[Fuchs, 2000] Fuchs B., Lieber J., Mille A., Napoli A., « An algorithm for adaptation in casebased reasoning. », Proceedings of *ECAI'2000*, Amsterdam, p. 45-49, 2000

[Funk, 2002] Funk P., Conlan O.. Case-Based Reasoning to Improve Adaptability of Intelligent Tutoring Systems, In *In press, Workshop on Case-Based Reasoning for Education and Training, CBRET'2002*, pages 15-23, Aberdeen, Scotland, Robert Gordon University, September 2002

[Gardner, 2004] Gardner H., *Les intelligences multiples*. Retz, Paris, 2004

[George, 2001] George S., « Apprentissage collectif à distance, SPLACH : un environnement informatique support d'une pédagogie de projet » thèse en informatique, 11 Juillet 2001

[Gouarderes, 2000] Gouarderes G., Minko A., Richard L.: Cooperative Agents to Track Learner's

	Cognitive Gap, Proceedings Intelligent Tutoring Systems, pp. 443-453, 2000
[Gruber, 1995]	Gruber T., Towards principles for design of ontologies used for knowledge sharing. *Int. J. Human-Computer Studies*, 43:907–928., 1995
[Habieb, 2003]	Habieb-Mammar H., Tarpin-Bernard F., Prevot P., Adaptive presentation of multimedia interface Case study: "Brain Story". Course "9ème Conférence Internationale sur le Modèle Utilisateur (UM'03), Pittsburgh, USA, pp. 15-24, Juin 2003
[Hammond, 1986]	Hammond K., "CHEF: A model of case-based planning". In Proceedings AAAI-86, pages 261-271. AAAI, Philadelphia, Pennsylvania, 1986
[Heckmann, 2003]	Heckmann D., Krüger A., A User Modeling Markup Language (UserML) for Ubiquitous Computing. User Modeling : 393-397, 2003
[Hendler, 2001]	Hendler J., "*Agent and the Semantic Web*," IEEE Intelligent Systems, Vol. 16, No. 2, pp. 30—37, 2001
[Hendrix, 1979]	Hendrix G.G., « Encoding knowledge in partitioned networks ». *Associative Networks: Representation and use of knowledge by Computers* by N. Findler, New York: Academic Press, 1979
[Henze, 1999]	Henze N., Nejdl W. Adaptivity in the KBS Hyperbook System, Proceedings of the 2nd workshop on Adaptive Systems and User Modeling on WWW, Toronto and Banff, 1999
[Hinrichs, 1992]	Hinrichs T.R., problem solving in open worlds. Lawrence Erlbaum Associates, 1992
[Horváth, 2006]	Horváth L., Rudas I., Course Modeling for Student Profile Based Flexible Higher Education on the Internet .*Journal of Universal Computer Science, vol. 12, no. 9 (2006), 1254-1266*
[IEEE, 2002]	IEEE Learning Technology Standards Committee (LTSC). Draft standard for learning object metadata. Learning Object Metadata Group, 2002
[IEEE, http]	http://www.ieee.org/portal/site
[ISO, http]	ISO. http ://www.iso.org.
[Kaas, 1993]	Kaas R. Building a user model implicitly from a cooperative advisory dialog. In : User Modeling and User-adapted Interaction, pp. 203-258, 1993
[Kay, 1995]	Kay J., The um toolkit for cooperative user modeling, in User Modeling and User Adapted Interaction, 4:3 Kluwer, pp. 149- 196, 1995
[Kay, 2001]	Kay J, Kummerfeld R.J., Lauder P., Foundations for personalised documents: a scrutable user Model Server, *Proceedings of ADCS'2001, Australian Document Computing Symposium*, pp. 43-50, 2001
[Kember, 1990]	Kember D., Lai T., Murphy D., Siaw I., Wong J., Yuen, K.S., Naturalistic Evaluation of Distance Learning Courses, Journal of Distance Education, vol. IV, no. 2, pp. 38-52., 1990
[Kintsch, 1978]	Kintsch W., Van Dijk T., « Towards a Model of Discourse Comprehension and Production », *Psychological Review*, vol. 85, 1978, p. 363–394., 1978
[Kolodner, 2000]	Kolodner J, Jona M.Y., Case-Based Reasoning: An Overview, The Institute for

	the Learning Sciences, Northwestern University., 2000
[Koton, 1989]	Koton P., Using experience in learning and problem solving. Massachusettes Institute of Technology, laboratory of computer science, Ph.D, Thesis. 1989
[Lamontagne, 2002]	Lamontagne L. Lapalme G. Raisonnement à base de cas textuels – état de l'art et perspectives. *Revue de l'intelligence artificielle. Volume X – n° X, 2002*
[Landauer, 1997]	Landauer T.K., Dumais, S.T., A solution to *Plato's problem: TheLatent Semantic Analysis theory of acquisition, induction and representation of knowledge. Psychological Review,* 104, 211-240, 1997
[Le Préau, 2000]	Le Préau, Choisir une solution de téléformation: étude 2000. Plates-formes et portails de téléformation, août 2000
[learning space, http]	www.learningspace.org
[Lemaire, 2001]	Lemaire B., Dessus P., A system to assess the Semantic Content of Student Essays. *Journal of Educational Computing Research, 24*(3), 305-320., 2001
[Lynch, 1997]	Lynch C., Searching the Internet, Scientific American, volume 276, March 1997
[Marinilli, 1999]	Marinilli M., Micarelli A., Sciarrone F. "Interaction of domain expertise and interface design in adaptive educational hypermedia" TUE Computing Science Report 1999-07
[Martin, 2003]	Martin J.C., Rety J.H., Pelachaud C., Bensimon N., Coopération entre un hypermédia adaptatif éducatif et une agent pédagogique. Actes de la conférence « Hypertextes hypermédias- créer du sens à l'ère du numérique » H2PTM'03, pp. 191-200, 24-26 Septembre, 2003
[Masie, 2003]	MASIE C., Making sense of learning specifications and standards: A decision maker's guide to their adoption, 2e edition. Technical report, november, 2003
[Miller, 1956]	Miller G. A., The magical number seven plus or minus two: some limits on our capacity for processing information. *Psychological Review, 63:81-79., 1956*
[Minsky, 1969]	Minsky M., Seymour P., *Perceptrons* , Cambridge, Mass.: The MIT Press, 1969
[Mizoguchi, 2004]	Mizoguchi R., Le rôle de l'ingénierie ontologique dans le domaine des eiah. *Sciences et Technologies de l'Information et de la Communication pour l'Éducation et la Formation,* 11:231–246., 2004
[Moukas, 1997]	Moukas A., User Modeling in a MultiAgent Evolving System, International Conference on User Modeling '97, Machine Learning in User Modeling Workshop Notes, Chia Laguna,,Sardinia, 1997
[Nadeau, 1997]	Nadeau F., Applications et impacts de l'hypermédia constructif sur l'apprentissage. 1997
[Nanard, 1995]	Nanard M., Les hypertextes : au-delà des liens : la connaissance. Sciences et techniques éducatives, Edition Hermes, vol 2, n°1, pp. 31-59, 1995
[Nelson, 1965]	Nelson T. "A File Structure for the Complex, The Changing and The Intermediate", ACM 20th National Conference, 1965
[Norman, 1996]	Norman D.A., Spohrer J.C., Communication of the ACM, Vol. 39, n°4, pp. 24-27, April 1996

[Novak, 1984]	Novak J. D, Gowin D.B., *Learning how to learn*. Cambridge University Press, Cambridge., 1984
[ORAVEP, 2000]	ORAVEP., Étude comparative technique et pédagogique des plates-formes pour la formation ouverte et à distance. Technical report, Novembre 2000.
[Papanikalaou, 2001]	Grigoriadou M., Papanikalaou K., Kornilakis H., Magoulos G., "INSPIRE: An Intelligent System for Personalized Instruction in a Remote Environment", University of Athenes, 2001
[Paquette, 2002]	Paquette G., Rosca I., Organic Aggregation of Knowledge Objects in Educational System Canadian Journal of Learning and Technology. Volume 28-3, pp. 11-26, 2002
[Pask, 1959]	Pask G., *The teaching machine as a control mechanis*. The Society of Instrument Technology., 1959
[Prié, 2004]	Prié Y., Garlatti S., Annotations et métadonnées dans le Web sémantique, in *Revue 13 Information-Interaction - Intelligence*, Numéro Hors-série Web sémantique, 24 pp, 2004
[Razmerita, 2005]	Razmerita L., Gouarderes G., Comte, E.: Ontology-based User Modeling and e-Portfolio Grid Learning Services, in *Applied Artificial Intelligence Journal*, Special Issue on "Learning Grid Services", published by Francis&Taylor, September 2005
[Rhéaume, 1993]	Rhéaume J., Les hypertextes et les hypermédias. Revue Educa Technologie, vol. 1, n°2, pp. 6-23, Décembre 1993
[Rich, 1979]	Rich E.A. *Building and exploiting user models*. PhD Thesis, Carnegie-Mellon Univ. Computer Science Dept., 1979
[Ruelland, 2000]	Ruelland D., *Vers un modèle d'autogestion en situation de télé-apprentissage*, Thèse de l'Université de Montréal., 2000
[Sampson, 2004]	Sampson D., Chatzinotas S., eMAP: Design and Implementation of Educationnal Metadata Application Profiles. In Proc. of the 4th IEEE Internatnational Conference on Advanced Learning Technologies, Joensuu, Finland, ICALT 2004
[Sauvé, 2002]	Sauvé L.. et autres. *Rapport final : Étude évaluative des impacts de SAMI-DPS*. Québec, SAVIE et BTA, janvier 2002
[Schank, 1977]	Schank R.C., Abelson R.P., *Scripts, plans, goals, and understanding : An inquiry into human knowledge structures*, Lawrence Erlbaum Associates, 1977
[Self, 1988]	Self J.A., *The use of belief systems for student modelling*, Proc. of the First European Congress on Artificial Intelligence and Training, Lille., 1988
[Siklóssy, 1970]	Siklóssy L., On the evolution of artificial intelligence. Inf. Sci. 2(4): 369-377, 1970
[Sison, 1998]	Sison R., Shimura M., Student Modeling and Machine Learning. *International Journal of Artificial Intelligence in Education*, vol. 9, p.p. 128–158, 1998
[Skinner, 1954]	Skinner B.F., The Science of Learning and the Art of Teaching. *Harvard Educational Review*, 24(2), 86-97., 1954

[Smyth, 1995]   Smyth B, Keane M « Remembring to forget : a competence-preserving case deletion policy for case-based reasoning systems". In Procceding of the thirteenth international joint conference on artificial intelligence, 377-382. San Francisco: Morgan Kaufmann, 1995

[Sowa, 1984]   Sowa J.F., *Conceptual structures information processing in mind and machine*, Addison-Wesley, 1984

[Sowa, 2000]   Sowa J.F., *Knowledge Representation: Logical, Philosophical, and Computational Foundations*, Brooks Cole Publishing Co., Pacific Grove, CA, 2000

[Uschold, 1996]   Uschold M, Gruninger, M., "Ontologies: principles, methods, and applications", *Knowledge Engineering Review*, volume 11, number 2, pages 93–155, 1996

[Vergnaud, 1991] Vergnaud G., La théorie des champs conceptuels, *Recherches en Didactique des mathématiques*, 10/2.3, Grenoble, La Pensée Sauvage Editeurs pp. 133-169., 1991

[Wahlster, 1991] Wahlster W., User and discourse models for multimodel communication. In : *Intelligent User Interfaces, Sullivan J.W&Tyler S.W. Eds, ACM Press, pp. 45-67, 1991*

[WebCT, http]   www.webct.com

[Weber, 1997]   Weber G., Specht M., User Modelling and Adaptive Navigation Support in WWW-based Tutoring Systems. User Modeling: Proceedings of the Sixth International Conference, UM97. Vienna, New York: Springer Wien New York., 1997

[Wilke, 1998]   Wilke W., Bergmann R., Wess S., Negotiation During Intelligent Sales Support with Case-Based Reasoning. Proceedings of the 6th German Workshop on CaseBased Reasoning, GWCBR'98, Germany, 1998

Oui, je veux morebooks!

i want morebooks!

Buy your books fast and straightforward online - at one of world's fastest growing online book stores! Environmentally sound due to Print-on-Demand technologies.

Buy your books online at
www.get-morebooks.com

Achetez vos livres en ligne, vite et bien, sur l'une des librairies en ligne les plus performantes au monde!
En protégeant nos ressources et notre environnement grâce à l'impression à la demande.

La librairie en ligne pour acheter plus vite
www.morebooks.fr

VDM Verlagsservicegesellschaft mbH
Heinrich-Böcking-Str. 6-8   Telefon: +49 681 3720 174   info@vdm-vsg.de
D - 66121 Saarbrücken   Telefax: +49 681 3720 1749 www.vdm-vsg.de

Printed by Books on Demand GmbH, Norderstedt / Germany